微课在地理教学中的应用研究

WEIKE ZAI DILI JIAOXUE ZHONG DE YINGYONG YANJIU

王桂玉 马福恩 韩 晗 主 编

中国海洋大学出版社

·青岛·

图书在版编目(CIP)数据

微课在地理教学中的应用研究 / 王桂玉, 马福恩,
韩晗主编. -- 青岛 : 中国海洋大学出版社, 2021.3
　　ISBN 978-7-5670-2781-7

　　Ⅰ. ①微… Ⅱ. ①王… ②马… ③韩… Ⅲ. ①中学地
理课–教学研究 Ⅳ. ①G633.552

　　中国版本图书馆 CIP 数据核字(2021)第 029862 号

出版发行	中国海洋大学出版社
社　　址	青岛市香港东路 23 号　　　　　　邮政编码　266071
出 版 人	杨立敏
网　　址	http://pub.ouc.edu.cn
电子邮箱	184385208@qq.com
订购电话	0532-82032573(传真)
丛书策划	河北畅志文化传媒
责任编辑	付绍瑜　　　　　　　　　　　　　电　话　0532-85902533
装帧设计	河北畅志文化传媒
印　　制	北京虎彩文化传播有限公司
版　　次	2021 年 12 月第 1 版
印　　次	2021 年 12 月第 1 次印刷
成品尺寸	148 mm×210 mm
印　　张	7.5
字　　数	160 千
印　　数	1~500
定　　价	45.00 元

发现印装质量问题,请致电 0311-82795622,由印刷厂负责调换。

编委会

近些年,随着"微"时代的到来,人们的学习、生活和工作在各个方面均有了一定程度上的改变。网络技术、通信技术突飞猛进地变化与发展,微课应运而生。微课是以微视频为主体,由多种教学资源构成的一种微型网络学习课程,是随着无线宽带技术、网络视频技术等新技术的发展而发展起来的。它凭借自身短小精悍的特点,很好地满足了学习者的需求。智能手机、平板电脑等便携式智能化数字终端设备的普及引领了自主学习、远程学习、移动学习等多样化的学习方式。由此可见,微课的出现顺应了时代发展的潮流,符合教育发展的规律,在学校教育领域的影响越来越大。因此对微课在教育教学中的设计和应用进行探究,已经成为一个十分有意义的课题。

微课素有目标单一、短小精悍而又内容明确的特点。基于这些特点,微课被认为是一种应用针对性强又能够聚焦于解决某一个教学问题的微型教学资源,也因此受到广大教学者的喜爱。除了聚焦教学要点，因材施教、尊重个体差异也是微课的一大亮点，通过播放流媒体资源，可以实现自定步调的学习，满足学生学习能力和学习效率的差异化问题。而不同认知方式的学习者，则可以考虑通过采用与其认知方式相匹配的微课应用方式来提高教学效果。教师可以根据学习者特点，决定在哪个学习阶段使用微课进行教学及采用何种教学组织形式来提高课堂教学效果。

教育研究人员和一线教师们对于微课的概念、特征以及微课的设计、开发和运用高度非常重视。然而，微课作为一种以微视频为核心的教育教学资源，就好比一把双刃剑，如果教学人员运用得好、运用得恰如其分，就可以让微课起到调节课堂气氛、吸引学生注意和分享优质资源等方面的作用；但是，如果微课运用得不好或运用得不恰当，其结果只会适得其反。这就对应用微课进行教学的教育工作者提出了较高的要求。教学者要能够把握好微课，才能使其发挥应有的功能，而不仅仅是使自己成为所谓"微课热"的追逐者。

地理微课是微型地理教育教学视频以及与之相关的教育教学资源的统称，是信息技术、互联网技术等现代科学技术应用于地理教育教学领域而产生的新生事物。地理微课利用视频的声像效果，结合图片与文本等多种教育教学元素，突破宏观与微观、空间与时间的限制，创造生动活泼的学习氛围，激发学生对地理知识的兴趣；通过改进地理信息的传递方式，帮助学生具体感知和理性认知地理事物的空间分布、变化过程及其与其他地理事物的联系，可丰富和深化地理课堂教学内容。因此，地理微课兼具综合性与系统性，而且短小精湛、动态生成、机动灵活、时代性强，受到广大学生以及地理教师的欢迎。但是目前我国的地理微课仍处于发展探索的初期,教师在微课的设计和制作上存在众多疑惑,微课的开发能力亟待提高。本书通过对微课在地理应用方面的研究,在理论的基础上,提出了地理微课教学的设计流程与模式,希望能为教师在开发地理微课方面提供一定的帮助与指导。由于产生较晚、设计比较烦琐、制作过程相对复杂等原因,在如何科学与规范地使用地理微课以及使其对地理教育教学产生的独特效果方面,国内外的相关研究依然欠缺。基于实践性研究的特点,本书从实施策略和实施有效性的角度对微课与地理教育教学的关系进行梳理,探寻地理微课应用于地理教育教学的实施策略,并进一步探讨这些策略对地理教育教学以及师生成长的有效性。

本书由多位作者共同完成,具体分工如下:王桂玉(四川省成都市郫都区第一中学,负责 10 万字);马福恩(华中师范大学琼中附属中学,负责 8 万字);韩晗(安徽省合肥市五十中学,负责 5 万字);剩余部分由副主编、编委共同完成。

目 录

第一章　地理　　　　　　　　　　　　　　1

第一节　地理教学　　　　　　　　　　　1

一、地理教学的概念　　　　　　　　　1

二、对于学生地理综合能力培养的研究　　4

第二节　地理的教学方式　　　　　　　34

一、地理的教学方式　　　　　　　　34

二、地理的教学方式与学生　　　　　41

第三节　地理教学应用现代化技术　　　48

一、地理教学现代化　　　　　　　　48

二、现代化技术辅助地理自主学习的优势　66

三、应用现代化技术对于学生的影响　　69

四、现代化技术辅助高中地理教学的问题及对策　72

第二章 微课　　76

第一节 微课教学　　76

一、微课教学的概念　　76

二、微课教学对于教学的影响　　88

三、关于微课教学的思考　　90

第二节 微课教学的应用研究　　98

一、基础教育阶段微课的价值与应用取向研究　　98

二、价值考量：微课的合理定位　　103

三、微课应用的引导策略　　108

四、微课应用于教学的意义　　112

五、微课教学的设计与制作　　113

第三章 地理与微课　　119

第一节 地理教学与微课的关系　　119

一、微课与地理课程的整合　　119

二、基于信息技术应用的地理微课教学的必要性和可行性　　122

三、基于信息技术应用的高中地理微课资源开发　　127

四、对地理微课教学的评价　　131

第二节 微课在地理教学中的应用　　132

一、微课在地理教学中应用的必要性与可行性　　132

二、微课在初中地理教学中的应用　　141

微课在地理教学中的应用研究

三、微课在高中地理教学中的应用　　　　　　　　155

四、微课在地理教学中的应用对于学生学习方式的改变与
　　影响　　　　　　　　　　　　　　　　　　　179

结束语　　　　　　　　　　　　　　　　　　　224

参考文献　　　　　　　　　　　　　　　　　226

地　理

第一节　地理教学

一、地理教学的概念

(一)地理教学发展历程

地理教学(Geographical Education)是指有关地理学知识及能力的专业培训。学校地理教学分为大学、中学、小学三个阶段。17世纪中叶,捷克教育家 T.A.夸美纽斯首先提出在学校中把地理作为独立科目进行教学。18世纪前半叶,欧洲在中小学开始设置地理课,19世纪在大学开设地理课并设立地理系。19世纪中叶,中国某些教会学校开始设置舆地课,19世纪末正式开始设置地理课,此后在大学设立地理系。大学地理教学主要培养地理科学的研究人员、教师和地理工作者。不少国家按专业培养地理人才,专业划分和范围各有不同。小学地理教学要求学生了解初步的地理知识,中学地理教学培养学生具有较系统的地理知识。随着各国经济和文化交流的增多,世界性环境、资源、人口等问题的出现,地理教学还被其他学科、相关学校、报纸杂志及广播电视等方面重视,逐渐形成社会的地理教学。

1.国外世界地理教学的发展

20世纪90年代以前,苏联和东欧国家的世界地理一直沿用着苏联的区域地理课程体系,教材体系分为外国地理和本国与地区地理两大部分;也有一部分专门论述某个部门(如工业、能源、农业、交通运输业)的部门地理。在西方,特别是美国的"世界地理"一直是以"区域地理"的形式出现的,但没有统一的名称规范,多数称"区域地理",也有一部分称为"世界地理"或者"世界经济地理"。

20世纪90年代以来,西方流行的后现代主义文化,对区域地理和世界地理的影响较大。所谓后现代主义就是不承认统一的模式和权威的理论,强调个性化的发展。西方地理学中的"新经济地理学"几乎不做任何数量模型建设,而是以大量的地理知识为基础,运用十分有力的描述手段,如图像、概念模型、地理信息系统技术支持下的图片,使地理描述的水平和效果达到了一种令人耳目一新的境界。关注社会、文化、经济,而不注重自然地理知识的讲授,是西方区域地理的传统。这与西方地理学多年以来在人文地理方向上的发展有密切的联系。追求以新视角来解释各国各地区的地理事物是其教材的突出之处。在区域体系的安排上,西方地理学普遍把欧洲或发达国家(工业化国家)置于前面,之后是与欧洲文明关系密切的美洲、非洲。这体现了一种以欧洲为中心的地理思想,即把欧洲作为近现代文明的发源地,按照地理扩散的规律,由近及远地形成了当代世界文明和社会经济发展的格局。即使不是按大洲的顺序，按照工业化国家—工业化进程中国家—发展中国家的顺序也体现着地理的扩散。

工业革命以来的近现代文明传播显然是以西欧为中心的。这一点对我们来说是一种启发，因为地理格局和地理过程是我们过去在区域地理教学中所一贯忽视的。保持区域研究的传统，注重格局和过程的研究，辅之以数量(模型)的分析和数学化表现的图象(图谱)，应该是当前地理科学发展的新要求。西方世界地理(区域地理)大量引用西方经济学的成果，从引进经济区位理论到后来的空间经济学、区域科学，西方的区域地理不断走向理论的深化。他们的世界地理教材中可以看到这种理论化的倾向，如在非洲地理部分介绍经济二元结构，在中东地理部分介绍文化地理的基本原理，在东南亚地理部分介绍"增长极"，在印度地理部分介绍人口地理原则，在拉丁美洲地理部分介绍核心—边缘理论(这一理论的发祥地)。

2.我国地理教学的发展

任何一个国家的地理教育都有一个明确的目的，那就是提高国民的文化素质和培养爱国主义思想。在这个框架下，我国的世界地理学与研究取得了下列发展。

第一，突破了苏联区域地理课程体系和内容体系的束缚。

第二，全球地理环境方面发生的一系列问题，如全球变暖与温室气体增加、陆地生态系统多样性减少、陆地水资源的日益短缺、沙漠化和森林草原退化、自然灾害的负面作用加强，得到了越来越多的关注。

第三，随着世界经济的发展，世界地理教学内容不断更新，包括石油经济和世界财富的巨大增长、世界贫富差距的扩大、国际经济关系的不断调整、以信息产业为代表的众多新兴产业部门的出现、新兴工业化国家的经济体制转型及国家的区域集团化等。

第四，经济学的理论不断被吸收到世界地理的教学之中。

第五，世界地理越来越重视文化、政治、历史因素的分析。

第六，信息技术的发展使人们可以通过计算机网络很方便地获得各个国家、各个国际组织和专家提供的各类丰富信息。

(二)地理教学特点

现代地理教学的特点如下：①运用地图。地图由于具有地理的方位性、形象的概括性及几何的精确性，成为地理学的第二语言。②应用航空和遥感技术。航空和卫星照片大大提高了直观性，成为地理教学的重要手段。③注重实地考察。让学生通过野外考查和郊游等实践活动学习地理。④注重综合性。综合性是地理学的特点，所以地理教学涉及许多自然科学和社会科学内容。

二、对于学生地理综合能力培养的研究

(一)学生地理综合能力培养问题的提出

通过多年高中地理教学实践和高考改卷经验，笔者发现受高考升学压力的影响，地理常规教学中的应试教育现象非常普遍，如教师唱独角戏的"满堂灌"教法、片面强调"背多分"的学习方法、代替学生思维理解的教学现象、强调课文的讲解而忽视学生读地图习惯的养成。高考文科综合试卷中表现出来的学生地理学科问题也非常突出，如对基本概念和基本原理掌握得不扎实，对地理的空间位置判断不准确，判读图表的能力不强，不善于逻辑推理、归纳

与综合,表述能力差,答题不规范。这些问题都是忽视学生地理综合能力培养导致的。

1.地理常规教学中存在的问题

地理教学中的应试现象阻碍了学生地理学科能力的形成,主要问题表现在以下三个方面。一是知识点的直接灌输。在高中地理日常课堂教学中,对于大多宏观和抽象的地理概念、原理知识,教师经常直接灌输给学生,学生很少有机会感知、思考和观察,自己寻求出答案。二是代替学生思维理解。教学上还存在着这样一个误区,就是以教师的理解去代替学生的理解,我们可以喻之为"反刍"现象。有的教师总认为知识点的讲解必须非常透彻,在教学中把知识掰碎了、揉烂了,唯恐遗漏一个细节。实际上,这样的教学过程恰恰剥夺了学生思考的权利,丧失了培养学生综合思维(即加工地理信息)能力的良好机会。如果学生不需要运用自己的思维去理解知识,没有了讨论和交流,而是被动接受结论,最终可能导致学习走向被动和死记硬背。三是忽视学生读地图习惯的养成。地图可以说是地理的"灵魂"。地理教学中常有地图,地图是地理学习很好的辅助工具。在常规教学中,教师只注重讲解地图,很少让学生运用和简单绘制地图。由于学生缺乏读图习惯,掌握地图时缺乏具体的目的性,学生对于地图看似熟悉,实际陌生,这成为学生掌握地理知识的一大障碍。

2.常见的学生地理学科问题

(1)对基本概念和基本原理掌握得不扎实

由于学生对基本概念和基本原理掌握得不扎实,学生错误判断和答题不切合要点的现象频频发生。"冲积扇""混合农业""河口""土壤盐碱化"这些高考卷中出现的基本概念却让考生失去不少分数。以某年高考题为例,首先部分考生不理解"农业地域类型"的正确含义,把"农业类型"中的"商品农业"误认为"农业地域类型";也有考生未能掌握"混合农业"的基本概念,根据图示的农场小麦、牛肉、乳产品、花卉的收入结构,把"混合农业"误判断为"商品谷物农业"。

(2)对地理的空间位置判断不准确

在某年高考题中,有的考生不能根据图中的"青海湖"判断出湖泊附近的铁路是"青藏铁路",不能根据图中的城市"喀什"判断附近的高原是"帕米尔高原",不能根据经纬网 45°N~50°N 和 130°E~135°E 判断出是"黑龙江省一带"。此类型试题考生的得分率比较低。

(3)判读图表的能力不强

高考文科综合卷中有大量的读图题,涉及麦哲伦海峡、中亚、爪哇岛等地区,要求学生综合图中的图例、注记、方向、比例尺、经纬度、等值线等地图信息判断分析并完成试题要求。读图题对考生的综合能力要求很高,学生普遍认为读图题很难,这实际上说明他们的地图知识欠缺,判读图表的能力和综合思维能力很薄弱。另外,绘制简单的地理图表是高考对学生地理技能的基本要求,学生动手绘图的能力薄弱,有的甚至无法动笔绘图。

(4)不善于逻辑推理、归纳与综合

地理学科知识侧重逻辑推理,文科学生在这方面的学习现状却不容乐观。例如,"长江河口的等盐度线距离大陆最近的时段是2月、5月、7月、10月中的哪个月?"这道题逻辑推理性很强,需要联系多个地理要素归纳综合,难度大。该题的解题思路是:降水量影响长江径流量(成正比),径流量影响到河口的盐度(成反比),当等盐度线距离大陆最近即盐度最大的时期,降水量则最小,应为2月。

(5)表述能力差,答题不规范

学生运用地理术语的能力差,概念不清,词语表述口语化,而且不切合要点,答案没有条理。例如,某题要求简述剖面的地形特征,有的学生将"地势起伏"描述为"地形弯曲",将山地或低山、丘陵等地形描述为"地面有起伏,不太大也不太小"。"不太大也不太小"的描述是矛盾的,这样的答案不符合规范。

3.学生对地理的错误定位

定位之一:轻视。学生认为地理是副科。在高考学科里,地理在学生心里的重要性通常排名靠后。这种现象常见于学生高二选择文理科之前,所以地理教学在初中和高一是被忽视的,直接导致文科生的地理基础普遍很差。

定位之二:畏惧。文科学生认为地理学科难度仅次于数学。学生在高一时缺乏必要的自然科学基础(尤其是数理化),地理课程却安排了有一定难度的自然地理的内容,尤其是与数学、物理相关的内容。20世纪90年代末课程改革后,地理内容的难易度在年级上的安排不妥当,其中高一上学期自然地理比较难,高一下学期、高二、高三的人文地理容易。至今为止,笔者一直认为地理学科应与相关的学科知识在学习时间上相协调,知识结构难度顺序应适应学生年龄特点做相应调整。

定位之三:无用。在高考填报志愿时,文科学生发现各大院校的地理院系主要招收理科学生,近年才开始招收少量的文科学生,这对喜爱地理学科的文科学生是个不小的打击。文科的大学专业里需要再学习地理课的很少，从而使文科学生产生地理学科以后用不上、学科要求不需要太高的想法。考上大学的文科学生的这种想法可能会影响到其他高中阶段的文科学生。

（二）研究的理论依据

中国教育报刊社常务副社长、中国教师报首任总编辑刘堂江曾指出："探求基础教育阶段综合能力培养的理论与教育教学操作层面上的结合点，切实有效地将培养学生的综合能力落到实处，已经成为摆在基础教育理论工作者与一线教师面前的一个迫在眉睫的问题。"教学实践需要教育教学理论的指导，现代教育教学理论、心理学理论等为地理学科综合能力培养提供理论支持。

1.学力理论

有人把学力界定为"儿童在教学过程中所习得的知识、能力"，亦即"学习者内化学科内容的成果"。这种学力大体可以分两点：一是现实的学习的知识和能力；二是牵涉未来学习的潜在的学习力。学力同教育目标处于表里一体的关系。美国教育心理学家布卢姆倡导的"教育目标分类学"表明了分析性、实证性地研究学力的取向。布鲁纳以瑞士儿童心理学家皮亚杰的认知论为基础，倡导问题解决与思维的三种方式——符号表象、行为表象、图像表象。

在现实地把握学生的学力实态时，必须探讨学力的落差与结构。学力结构模型的研究一般区分三种不同层次的学力成分。第一层次：学力基础。它包括了性格因子、生理因子及被视为一般智能的因子。这些因子是应当在学生的日常生活（包括学校教育）过程中加以关注与培养的。第二层次：基础学力。这是学力的基础部分，是最低限度的国民教养或是作为一个公民所必需的以"三基"（读、写、算)为中心的基础教养。第三层次:发展性学力。它是以问题解决与创造性相结合的、有个性的思考力为核心的学力,亦称创造性学力。

日本学者安彦忠彦联系"基础性内容",提出了另一种区分基础学力与发展性学力的方法。他认为,即使视为目标的基础性内容是同样的,但可以依据在习得其内容的过程中哪一种能力占主导作用来区分"基础"与"发展"。这样,所谓基础学力就是主观上(主体)以记忆力为主、思考力为从,客观上(客体)伴随着要求这种智力因子起作用的基础性内容的部分;而发展性学力则反之,是主观上以思考力为主、记忆力为从,客观上(客体)伴随着要求这种智力因子起作用的基础性内容的部分。基础学力与发展性学力是区分同一个概念范畴的两个侧面。一般说来,"基础"与"发展"指的是教学步骤彼此交替、螺旋上升的关系,同一个学习内容可以既是基础又是发展。

不同时代有不同的判别学力的内涵及其培养的标准,这就是所谓的学力观。应试教育向素质教育的转变,从某种意义上说,首先是指学力观的转变。现代管理学之父德鲁克认为,现代社会需要的学力培养不在于习得内容而在于习得能力。这是因为现代知识社会所要求的能力首先是信息处理能力。在知识社会时代,仅仅授予学生一切必要的知识完全是无意义的。我们可以做到的是,现在就培养学生未来时代需要的不断求得新知的态度、能力和心态,即学会学习。这就是现代教学的课题。

学力问题已经成为解决与克服现代学校教育问题的关键。我国教育面临着学力理论研究与学力现实问题的消解这两大课题。

一方面,学力理论作为教育科学,学力的形成机制与学力评价方略的探讨等尚待拓荒;另一方面,学力的现实问题愈演愈烈,亟待正视。我国学校教育中学力的现实问题:传统教育教学思想的禁锢造成大面积的基础学力低劣;重点政策与精英主义课程模式造成学校之间的学力差距加剧等。这些问题都是需要教育行政工作者、教育理论工作者、教育实践工作者"三位一体"共同攻克的。

2.建构主义学习理论

从最早提出建构主义的皮亚杰到维果茨基,他们所有的研究都使建构主义理论得到进一步的丰富和完善,为实际应用于教学过程创造了条件。任何学科的学习和理解都不是在白纸上画画,学习总要涉及学习者原有的认知结构,学习者总是以其自身的经验来理解和建构新的知识与信息。建构主义教学理论认为,知识不是通过教师传授得到的,而是学习者在一定的社会化背景下,借助他人(包括教师和学习伙伴)的帮助,利用必要的学习资料,通过意义建构的方式而获得。也就是说,学习是把新的经验同化到已有的认知结构中或调整原有的认知结构去适应新的经验的过程。

从知识的分类出发,对于不同的知识,教师应采取不同的教学策略。关于知识分类理论,现代认知心理学家普遍认为,知识分为陈述性知识和程序性知识两大类。前者指"个人有意识地提取线索,因而能直接陈述的知识";后者指"个人无意识地提取线索,因而其存在只能借助某种活动形式间接推测出来的知识"。从知识的作用来看,前一类知识是用于回答世界"是什么"的知识,后者是用于回答"怎么做"的知识。后者可分化出一种特殊的知识,即策略性知识,它涉及个人对自身认知能力、认知过程的反省,所以也有心理学家把策略性知识发展的高级阶段称为反省认知知识或元认知知识。因此，程序性知识又分为一般程序性知识（用以处理外部事物）和策略性知识（用以调控自身认知过程）。

在地理教学中，陈述性知识可以分为两类：一类是地理感性知识，涉及自然界和人类社会的众多现象，是形成地理知识体系的基础，如地理名称、地理分布、地理景观、地理演变、地理数据；另一类是地理理性知识，又称地理原理，如地理特征、地理概念、地理规律、地理成因，这些知识往往是在感性知识基础上深化和发展而获得的，是使学生获得地理程序性知识（即智慧技能）的重要基础。地理的一般程序性知识是指学生利用地理陈述性知识分析、解决地理问题的知识，也就是通常所说的地理技能。基本的地理程序性知识包括阅读并填绘地图与地理图表、地理计算、地理观察和调查等。地理教学要求学生掌握的策略性知识主要包括地理观察能力、想象能力和记忆能力等，它是学生用于控制和调节自己地理学习活动的知识，如对地理事物的观察、对地理陈述性知识的记忆。当学生利用这些策略性知识获得某种地理学习活动效率的提高后，可以认为该生已经习得了这种学习策略。地理观察能力包括描述性地理观察和分析性地理观察，前者主要是观察地理事物的表面现象，了解其形象特征，帮助学生形成地理表象，获得感性地理知识；后者主要是观察地理事物的本质属性，理解地理事物的内在联系，建立起地理概念体系，获得理性的地理知识。

由此可见，地理教学中强调的地理学科综合能力是通过地理的陈述性知识、一般程序性知识和策略性知识的互动，解决实际（或模拟情境）中的涉及空间问题的能力。在这个互动过程中，三者之间形成一个相互联系、相互作用和相互转化的地理"知能"体系。培养学生的地理学科综合能力既离不开陈述性知识的传授，构建认知心理学意义上的命题网络或图式，也离不开教给学生分析、解决地理问题的方法和调控自身行为以促成新的地理知识习得的方法。

建构主义学习理论提倡在教师指导下以学习者为中心进行学习，也就是说，既强调学习者的认知主体作用，也不忽视教师的主导作用。教师是意义建构的帮助者、促进者，而不是知识的传授者和灌输者；学生是信息加工的主体，是意义的主动建构者，而不是外部刺激的被动接受者、被灌输的对象。

因此，建立起一个良好的地理认知结构，是培养学生地理学科能力的前提和基础，同时地理学科能力的培养又能促进地理认知结构的形成，这对于学生今后继续学习地理知识和进一步去解决地理社会问题起积极的作用。

3.行为主义学习理论

行为主义是由美国著名心理学家华生提出的，在20世纪初期逐渐得到重视。自20世纪30年代以后，赫尔、托尔曼等不再坚持行为只限于可以观察和测量的反应，也不再坚持刺激和反应之间关系的建立是唯一的行为建立和改变的过程，而是把行为动机、认知的研究与行为研究结合起来，开创了行为主义研究的新领域，后人将之称为新行为主义。当代新行为主义心理学的代表人物是斯金纳和班杜拉。斯金纳的基本观点如下：人的行为由刺激引起，对反应进行强化，则可以使某种行为继续出现；人的行为由学习而来，也是可以改变的；人的行为分为外显行为和内显行为，外显行为可控制和测量,内显行为不可控制和测量。

在该理论指导下,教学要重视个别化教学,重视教师的教学技巧、能力与教学效率,正确运用条件控制和强化原理,改变和调节学生的行为,加强学生学习行为的管理。教学应该注意培养学生的各种能力,如对事物的辨别能力、概念法则的学习能力、序列概念的学习能力和语言表达能力。重视每一个学生的特质,并注意学生与外界环境的相互作用。

(三)国内外关于地理综合能力培养的研究

国内外对于地理综合能力培养的研究有比较大的区别。国内的研究局限于个别学校和城市的教学实践个例研究,理论领域的研究和教学领域的研究存在脱离现象;国外则处于理论研究的教学实际应用阶段,这方面的理论研究处于前沿。

1.国内研究现状

北京附中地理特级教师王树声发表的《论地理教学中综合思维能力的培养及其知识基础》一文,从综合思维的角度入手,通过"五化"(系统化、结构化、规律化、形象化、技能化)训练综合思维能力,从而培养综合能力,并且列举了培养综合能力的知识基础。

北京四中开展的中学地理学科能力培养研究,采用实验对比的方法探索了学科能力培养的途径,并且提出培养学生的地理学科能力是中学地理教学在素质教育中承担的重要任务,建立系统的中学地理学科能力培养目标体系是培养学生地理学科能力的重要前提,大胆改革传统教学模式是在课堂教学中培养学生地理学科能力的重要途径。

珠海二中开展过"探索地理综合实践教学模式"研究,该课题也力图在课堂教学中探索提高学生综合实践能力的途径，认为关注生活、收集资料、加工处理资料是培养这种能力的主要途径。这一课题研究重视了教学质量的测定与评价。

2.国外研究现状

从20世纪60年代起，世界许多国家在初中开设了综合课，尤其是一些发达国家，特别重视在基础教育中学生的综合能力培养，使学生在运用知识的过程中获取知识，强调培养学生自主学习的能力。根据综合程度的不同，综合课可归纳成三种类型：一是相关课程，根据各种社会问题把两个或几个学科综合成一个新的领域；二是融合课程，把有内在联系的不同学科合并成一个学科；三是广域课程，在保留原来学科独立性的基础上寻找两个或多个学科之间的共同点。美国、日本、德国等国家的地理课程大多融汇于社会学科。

美国《国家地理课程标准》把地理技能概括为"提出地理问题、获取地理信息、整理地理信息、分析地理信息、回答地理问题"。美国的教育管理实行地方分权方式，各州的学制和课程有相当大的差异，但总的指导思想都是以历史学科作为社会课的核心内容和结构线索，充分考虑历史知识与地理、经济、政治等学科知识的横向联系和渗透。美国的教学目的趋于目标化，无论是知识还是技能都较为具体，具有较强的可操作性。课程标准下设认识目标和技能目标，构成完整的框架，确保素质能力的培养。

日本将几门相关学科合并为一门"大学科"，各学科保持原有的学科体系，只是在大纲或课程标准中指出各学科的联合与配合，学科界线仍十分明显。这是一种最直观、最简单的综合课程，被称为"拼盘式"。日本社会学科课程设置是综合型与分科型交替安排的。从 1993 年起,日本实行新的教学计划,其中高中课程以"公民"(包括政治、经济、伦理)、"地理历史"取代以往的"社会科"。日本地理教学目的的显著特点是重视环境教育,重视能力培养,并且以自然环境和人类生活的关系、生产和消费的关系两个基本着眼点表述教学目的。

《德国综合理科(初中版)1》教材属于融合课程,涉及生物、物理、地理等学科。它以形形色色的现象为载体,采用故事情节、对话方式展开,根据事物的内在联系将自然科学知识有机结合。每个单元都容纳了背景知识介绍、参考资料、实验操作等内容。

英国和法国的地理课均单独设置,英国还以法律形式规定包括地理在内的十门课程为核心课程和基础课程,并颁布了全国统一的《国家地理课程》,可见其地理教育的重要地位。

虽然各国课程安排的模式多样,但都强调加强地理基础知识教学和发展学生能力。

(四)地理学科综合能力的培养对于学生的实际意义

吴传钧院士在谈到教育改革时说:"地理教育是一件头等大事,它不仅关系到发展地理学的问题,更关系到提高全民族素质的问题。"在现阶段地理教学中,高中文科学生地理学科综合能力的培养具有非常现实的意义。

1999 年教育部发出的《关于进一步深化普通高等学校招生考试制度改革的意见》提出新一轮高考改革方案,其核心是考试内容与形式的变化,而本质是注重能力,强调综合。其指出:"总体上将更加注重对考生能力和素质的考查;命题范围遵循中学教学大纲,但不拘泥于教学大纲;试题设计增加应用型和能力型题目。各个考试科目的命题都应体现这些要求。要组织有关人员加强研究和实验，使之不断深化。命题要把以知识立意转变为以能力立意，转变传统的封闭的学科观念，在考查学科能力的同时，注意考查跨学科的综合能力。"建立在中学文化科目基础上的综合能力测试，目前分文科（政治、历史、地理）综合和理科（物理、化学、生物）综合。文科综合的命题指导思想是"以能力测试为主导，考查考生对相关课程基础知识、基本技能的掌握程度和综合运用所学知识分析、解决实际问题的能力"。

高考文科综合试卷中出现过政治、历史、地理三科融合得很好的试题。例如，"葱岭""真腊"均为某个地区的历史曾用名，属于考生必须在历史背景下运用地理知识才能完成的综合性试题。另外，某一高考题则是以"洞庭湖面积的缩小"的地理背景材料要求考生运用经济及哲学知识解答问题。社会焦点与热点问题更成为地理高考试题中综合试题的主旋律。对这些问题应有一个基本的、正确的学科背景的认识，学会用多学科的知识分析、阐释和评价。

我国社会经济发展需要综合能力强的复合型人才。综合能力是在一个人生活、学习、工作中最具影响力的因素，是衡量国民素养的重要标准。培养综合能力关系到国民对社会发展的贡献，顺应知识经济时代的要求，有利于高校选拔综合能力强的学生，也有利于中学进行素质教育。

地理学从整体上反映人类生存的客观世界，是自然科学、社会科学和技术科学三大科学交叉的产物，在社会生产实践、科学研究和工作中都十分重要。当前，人类生活与生产活动与地理环境的关系越来越紧密，国土整治、经济开发、旅游、交通运输、信息交流等都与地理环境(自然环境与人文环境)密切相关。地理学具有很强的实用性,新课程标准指出,地理课程的最终目标是"对学生生活有用""对学生终身发展有用",决定了地理课程在培养国民综合素质中的重要地位。

地理课程许多内容是关于人口、经济和文化发展,人类活动与自然环境之间的动态变化关系等方面的知识。人口观念、环境观念、资源观念及可持续发展思想的培养也是地理课程的重要目标,对培养学生的时代责任意识、时代紧迫意识与全局意识有着十分重要的作用。

地理知识涵盖内容广泛,联系渠道多样,自然地理与人文地理、系统地理与区域地理的综合,在适应解决应用型和能力型的命题设计中具有潜在功能。在分析人与自然、人与社会、人与发展的诸多问题时,都离不开有关的地理知识、地理观点、地理思维和地理方法。地理学科以其本身所具有的综合性、区域性、动态性、基础性、实用性等特点,在综合能力培养过程中具备一定优势。

学好地理学科必须培养学生地理综合能力。地理课程内容最突出的特点是地理环境各组成要素复杂多样,空间结构跨度很大,地域差异明显,综合讨论地球的整体自然环境及人类活动的基本规律和问题,研究地面各种地理事物与现象的分布,反映地理事物与现象之间的相互联系和地区差异性。所以培养学生的地理学科综合能力是地理课程的要求。

世界是综合的、整体的,自然事物或社会现象的综合符合人类认识事物的特点和认识能力的渐次发展,这就要求学生在了解地理事物和把握地理规律时,应该养成综合思维的学习观念,而不是单一的或片面的学习观念。多加强地理综合能力的自我培养,不仅对学习地理学科有益,同时可以使学习其他学科更容易。地理学科能够让学生通过地理实践、掌握和运用地图、地理思维(分析法、比较法等)获得终身受益的学习方法。

(五)地理学科的综合能力的概念界定

1.地理学科知识结构的综合性特点

(1)自然地理与人文地理的综合

人文地理是人类活动在自然环境中创造的结果,可以说自然地理是"因",人文地理是"果",人文地理和自然地理是密不可分的。人类的农业活动受气候、地形、土壤、水文等自然环境要素的影响,从而农业生产存在明显的地区差异。工业活动则受水源、土地、矿产等影响,这些因素直接关系到工业布局。而影响工农业活动的自然条件综合影响城市、人口的分布。无论是自然景观还是人文景观的形成,都离不开自然环境中气候、水文、地形、植物等因素的作用;交通运输的布局也受到自然环境的深刻影响。

(2)系统地理与区域地理的综合

地理的"理"都必须落实到"地"。"皮之不存,毛将焉附",任何系统地理都需要区域作为载体。区域性是地理学的本质特征之一,它反映了地理的各种要素都具有空间分布特点。地理研究的"地"即自然环境和人文环境,是实实在在由具有差异的一个个地域反映出来的。而区域地理以系统地理为内容,即每个区域都有它的自然地理因素(气候、水文、岩石、土壤、植被等)和人文地理因素(人口、民族、宗教、经济、交通、城市等)。例如,撒哈拉以南的非洲是以热带草原气候、高原地形、黑种人、单一农矿、初级产品出口等为特点，与世界其他地区有区别。

区域地理反映了自然与人文因素的综合，常常是许多系统地理研究的出发点，同时其研究成果可以解释和说明区域中的各种问题，并应用到该区域的开发和治理上。区域地理是自然地理、人文地理、地图及地理技术等知识能很好地得以综合和应用的载体。

（3）与其他学科知识的综合

我国著名的地理学家黄秉维指出："地理学传统上是联系自然科学与社会科学的桥梁。"这句话反映了地理学科的边缘性特点，地理学科具有自然科学和社会科学的两方面特征。从原理成因切入，地理学科的许多要素分布成因、规律原理需依靠物理、化学、数学及生物等学科的知识来解析，这是地理学科的交叉性与广泛性所决定的。从社会科学方面看，事物的发生具有时间性、空间性、意识形态三方面，所以地理与政治、历史等学科可以在互为背景的基础上综合分析。

遇到上述类型的问题，学生应有意识地联系相关知识，从多学科角度综合思考，以求得全面与深入的结论。地理教学应使学生形成科学的综合思维，培养学生运用各科知识解决地理问题的能力，为培养开拓型人才打下基础。

①与政治知识综合

地理知识可以作为政治学科分析问题的背景材料或载体。人类生存的地理环境十分复杂，有各种各样的地形、千变万化的气象、千姿百态的景观。多种多样的经济形态、千差万别的区域特征都是不以人们的意志为转移的客观存在。人们可以遵循地理事物的客观规律，在实践中不断认识它、利用它、改造它，发挥主观能动作用，趋利避害，造福人类。结合地理教材内容，地理教材可以成为很好的辩证唯物主义教材。

在地理教学中特别需要注意的是，切忌用静止的观点去看待地理事物和现象。地理事物的运动是绝对的，静止是相对的，地理事物的空间性和时间性是运动的主要表现形式。以地球的运动为例，在空间上，地球处在太阳系的特定公转轨道面，保持一定的日地距离；在时间上，地理有一定的自转和公转周期。

从人地关系角度来看，哲学为地理学提供了坚实的理论依据。哲学是在各门学科发展基础之上发展起来的，反过来通过系统总结、抽象概括，又为它们提供世界观与方法论指导。人类与自然环境是对立统一的关系，环境保护问题、可持续发展问题等反映了这一点。

从经济地理角度来看，学生能找到地理学科与经济学科的结合点。经济学常识中的市场经济、商品及价值规律与地理学的工农业生产和分布规律及布局因素等知识相互渗透。

从政治地理角度来看，地理学和政治学一样，在综合研究问题时通常也是以国家或地区作为研究问题的基础，从上层建筑的角度去综合分析一个国家或地区的政治、经济、文化等方面的发展变化。

②与历史知识综合

常言道，"史地不分家"。地理学科是研究人类与空间环境关系的科学，是以空间背景为依托的，但要研究地理事物与人地关系的演变过程，也需要以时间作为线索。历史学科是研究人类社会发展规律的科学，是以时间背景为线索的，要研究历史事件与社会发展的演变过程，同样也需要以一定的空间区域为背景依托。由此看来，两门科学都与时空相关，只不过侧重点不同。例如，16世纪60年代，荷兰虽然国土面积很小，但它依靠优越的海陆位置，国家经济逐步发展，成为最早进行资产阶级革命的国家。学生在学习历史时，不应忽视地理条件的作用。

历史上的大事件和问题常常以地理为背景或需要用地理知识来分析。比如，郑和下西洋的航线和出航时间的选择与洋流、季节有着密切的关系。又如，对于1998年长江洪灾的成因分析，学生们既要考虑气候异常、人为影响的现实因素，又要考虑百余年来长江沿岸森林破坏、水土流失、淤塞河道的历史因素。也就是说，地理现象的分析可以与不同历史时期的状况联系起来，总结发展变化规律。

③与数学知识综合

地理学科与数学综合的知识点包括正午太阳高度角的计算，地方时、时区的计算，比例尺的计算，不同海拔高度的气温计算，纬度差与实际距离的换算，地球形状和公转轨道等。例如，日地距离与远日点、近日点关系可利用几何学中椭圆的知识。

④与物理知识综合

地理学科与物理综合的知识点包括地球、大气、洋流、板块运动，物体运动特点及受力分析，天体运动与万有引力，海水的温度、盐度、密度等物理条件的分析，气压（即大气压强）与气温、天气、气候等大气物理条件的分析等。

在地球自转或公转运动中存在的地转偏向力，在物理学科中被称为科里奥利力，对气流、水流有很大的影响。在判断地理气旋和反气旋方向时,可以运用物理课上的"左右手螺旋定则"。

⑤与生物知识综合

地理学科与生物综合的知识点包括自然地理中的自然带分布、植物指示环境的作用、生物参与土壤的形成、水循环中植物蒸腾作用、生物的分布与自然环境的关系、农业生产布局遵循因地制宜的原则等。

2.考纲要求的地理学科相关的综合能力

从文科综合能力培养的角度看,与地理有关的综合能力包括地理学科内综合能力和文科学科间综合能力两个方面。曾任教育部考试中心高级研究员的王大赫说:"综合能力培养的第一要义是必须始终不懈地坚持本学科能力的培养和训练。长期以来的教育实践和考试实践证明,学科能力越强,综合能力就越强。"无论是地理教学还是高考要求,都以地理学科内的综合能力(地理学科能力)为主。这正是本书的重点。

(1)地理学科内综合能力

地理学科的显著特点之一就是综合性。地理学科在新课程和教材中反映了自然地理与人文地理的综合,区域地理与系统地理的综合。地理学科内综合能力的培养被广泛重视,并融入课堂教学。地理科学具有高度综合性,从而培养学生运用地理知识的能力和解决地理问题的能力。

(2)文科学科间的综合能力

文科学科间综合能力,表现出地理学科在社会科学方面的综合性和学科边缘性特点。学习内容涉及政治、历史等社会科学门类的学科知识领域。教师不断充实自我,灵活运用文科知识,不但能活跃气氛,充实内容,加强学生对知识的理解和记忆,而且可以使学生掌握迁移和运用知识的能力,打破学科界限的全方位思维能力,形成自我观点和认识的综合能力。

政治经济学知识是学生学习经济地理的基础,与地理中自然资源的开发利用、工业农业生产与布局、人口与城市等知识关联密切。对上述内容的深入综合会为学生综合能力的培养提供良好的"场所"。各地理要素相互关联、相互制约,共同构建地理环境,社会主义法制的健全与完善、当代国际关系等问题都会成为政治、历史与地理培养综合能力的切入点。

人口增长的问题就涉及历史、地理和政治三门学科。我国人口的增长速度、数量、成因、综合评价及标准需要从我国经济发展历史、战争史、传统的价值观念去加以分析;需要从各区域及我国整体自然条件、资源与环境状况去深入分析;需要从政府的人口政策、对人口增长的辩证评价去客观分析。将上述知识融为一体,综合分析,还应以分析地理图表的能力、历史史论结合的能力、政治辩证分析的能力等多学科多项能力为基础,培养学生综合分析及解决问题的能力。

(六)地理学科的综合能力培养途径

1.改变传统教学观念

学生综合能力的培养是贯穿于地理知识的传授过程之中的,关键在于教师传授知识的方法和途径。也就是说,地理课堂教学方式应打破传统的教学模式,符合学生的地理认知规律,进行大胆的改革和创新。

众所周知,课堂教学尽管存在着缺陷和不足,但仍然是目前学校教育中不可取代的主体,需要进行教学方式、方法、策略和环境的改良。强调能力培养要求教师在平时课堂教学中转变思路,调整教学方法。在强调基本理论理解的基础上,更应该重视知识的运用,从而进行能力的培养。

学习是复杂的脑力劳动,无论是认知活动还是创造性开发,都是在一定的心理气氛和人际关系的相互作用中进行的,受学生的认识、情感、意志、性格等心理因素和师生关系的制约。这就要求教师在教学中发挥主导作用,了解学生的知识基础和心理特点,运用各种启发形式,激发学生求知欲和学习兴趣,发展学生潜力。教师在课堂教学中创设适合学生学习的活动有利于学生综合能力的培养。

(1)探究式教学

探究式教学方法以"问题解决"为中心,与地理教学注重"理"的特点相符。地理教学解决问题的探究过程,激发学生探究欲望,刺激学生提出高质量的问题。探究式教学围绕一定地理课题组织教学,强调提出问题或质疑;强调学生为主体,教师创设地理问题的情境,学生通过收集、整理、分析地理信息来解决问题。探究式教学主要包括以下五个步骤:

第一,提出问题。问题必须来自社会和自然界的事例,与大纲中的概念、原理、规律或地理事实联系在一起,问题必须具有可探究性,并且符合学生的认知规律和水平。

第二,确立假设。学生提出假设后,经过师生讨论后共同确立。学生根据假设,收集证据。学生要重视证据在解释与评价问题中的作用。教学中教师可以向学生提供案例,供学生检索。

第三,形成解释。学生运用教师提供的资料和图像,通过逻辑推理,找到事件的因果关系及其解释。他们的解释和观点必须与材料相一致。学生必须尊重事实、尊重规律。

第四,评价结果。学生根据教师及教材提供的结论进行比较,对自己的解释进行评价。如教师可以根据学生得出的结论问:材料能够证明你的解释吗? 解释是否足以回答问题? 在将材料与解释联系起来的推理中有没有明显的偏见和缺点? 根据材料能不能有其他的解释?

第五,检验结果。学生通过交流来验证他们提出的解释。交流结果能够引起新的问题。结果是学生们能够解决交流中遇到的矛盾,进一步确定以案例为基础的论证方法。

案例式教学是探究式教学中被地理教学广为应用的一种。中学地理案例教学是通过对一个具体的地理现象或情境的描述、呈现,引导学生对案例进行讨论、分析,提高学生解决实际问题能力的一种地理教学方法。在教学过程中,教师可凭借自然现象、日常生活、本土地理及国家的重热点地区设计情境,案例以书面的形式(文字材料、图像照片等)出现,和学生共同直接参与案例的分析、讨论、评价、寻找对策等工作。以下是一则案例分析。

材料:江淮平原地区的农村住宅,选择宅基地的最佳条件是房屋面向东南,前后视野开阔,房前或房后有河流流经。

问题:江淮平原这样选择宅基地的原因是什么? 房屋为什么面向东南,而不是坐北朝南? 房屋前后为什么要视野开阔? 房屋前后为什么要有河流流经?

解析:根据江淮平原地区的地理位置、自然条件等综合分析,房屋朝向受纬度、光照、风向、降水的影响,房屋的视野开阔则由地形、降水、生产活动、出行方便等决定,河流水源则是农户的生活、生产需求。

案例教学不仅能使学生从个别到一般、从具体到抽象地认识地理事物,掌握科学知识,更重要的是可以让他们学到分析问题的基本方法,形成科学的决策观。学生们熟悉的身边事件和现象是培养学生综合分析能力的重要题材,能够激发学生们的求知欲和自主学习。案例式的学习是主动的、愉快的学习,并能引发学生对所学知识的探究,从而培养学生的综合思维能力。综合能力的形成以综合思维为核心,并以思维的综合、全面、深刻、敏捷等为其特征。鼓励学生主动寻找各种新问题、新现象,大胆尝试分析。

教学时列举身边的地理事实和地理现象进行案例教学,能够充分体现地理学科的实用价值,让学生理解地理学在社会经济建设中和在我们处理人地关系中的重要作用,使学生树立科学的地理意识和地理价值观念,从而自觉主动地学习地理,提高自身的地理素养。

(2)多媒体教学

由于地理教学的特殊性,其教学内容中大量知识的空间结构、变化过程运用黑板平面难以让学生思路清晰地全面掌握。进入21世纪信息时代,容量更大、界面更活的电子教材及手段走进教堂。其栩栩如生的画面、声情并茂的解释、浩如烟海的资料、方便快速的搜索引擎等优点是传统教学所不能比拟的。利用现代教育技术把理论形象化,提高学生的感性认识,有利于培养学生的空间判断能力和图文转换能力。多媒体的大量数据、表格和地图等资料信息的储备有利于培养学生判读地图的能力。

信息技术与地理教学整合主要体现出四个转变：一是教学内容获取方式的转变，二是学生学习方式的转变，三是教师教学方式的转变，四是师生互动方式的转变。对地理学科来说，多媒体和国际信息网络既是地理教学内容的最好表现手段，又是地理能力和地理观念的最好实现途径。利用现代技术进行地理教学，开放课堂和丰富教学资源，打破教师的权威地位，让学生参与探究、合作、体验全过程，让学生在活动中体验、感悟、习得知识，自主得出结论，从而达到培养学生综合能力的目的。

多种自然和人文环境要素在同一电子信息平台上，利用地图的叠加功能进行展开或者复合，形成地区的"数字化"。"虚拟地球"让学生可以足不出户到世界各国、各地区旅游和考察。现代教育技术的主要优势是多媒体展示的集成性、超文本链接的选择性、大容量存储的丰富性、动态形象模拟的生动性、高速传输的便捷性、人机交互的操作性、超越时空交流的共享性。其突出功能有动态模拟、资料查询、模拟操作、反馈练习、多媒体情景创设及游戏等。就中学地理教学来说，运用现代教育技术可以帮助学生掌握重点，突破难点；可以进一步落实和推进素质教育，使每个学生的个性和特长都得到发展，培养学生的能力；可以进一步完善地理教学目标，使学生既"学会"又"会学"；尤其是网络技术的应用，可以丰富与拓展学生自主学习地理的资源和空间等。总之，现代教育技术和地理学科的整合是现代教育的要求，是培养综合能力和提高国民素质的途径，是做好地理教育的重要工具。

（3）重视课外形式

积极参加地理考察和社会实践活动，从中综合分析实际问题。

课外形式属于发现式的探究学习,没有可以直接搜集到的信息,探究者必须经过观察、实验、调查、解读、研讨等活动过程,通过整理分析来获得或发现。

(4)活动课

地理学科的活动课是多种多样的,如气象观测、天文观测、野外观察、校外参观、地理报、地理竞赛、地理演讲、制作教具模型、撰写地理小论文,都是学生喜闻乐见的形式。这些活动的开展既开阔了学生的视野,开发了智力,加强了记忆,又锻炼了他们的动手能力,从而使地理综合能力得到了提高。总之,活动课与课堂教学相比,在培养学生能力方面,有着更加积极的作用。

活动课是地理教学活动的主要组成部分。它不仅是地理课堂教学的补充和延伸,还是一种理论与实践相结合的教学形式。它是更广阔、更生动、更富有吸引力的"课堂"。在课外活动中,学生的综合能力能得到充分的体现和培养。地理学科综合性强、涉及面广,课堂教学受到时空的限制,学生对教材中的地理知识不能在课堂上完全消化。组织学生开展地理小模型的制作活动,举办地理报,组织地理活动兴趣小组,特别是利用乡土教材组织学生野外考察、社会调查等。这些活动的开展符合理论联系实际的教学原则,能提高学生的综合素质,又能让学生充分实现自我,展现才华,更重要的是能培养学生献身科学的精神,开发学生的潜能。

(5)研究性学习

开展研究性学习,对中学地理来说是一个新课题。如果说活动课是浅层次、技能性的,那么研究性学习则是深层次、研究性的,需要学生深入挖掘、综合思维。开展研究性学习改变了传统的教育模式和学习方法,改变了人们固有的教与学的观念,培养了学生发现问题、解决问题的科学思维方法。现行的中学地理教材中有许多研究性学习的范例和素材可以挖掘,在课堂教学中将其加以渗透,可以培养学生科学研究的思维方法,提高学生研究性学习的能力。教师若能在传授知识的同时,加以科学思维的点拨,则能培养学生的科学研究的思维方法。

地理环境是一个多要素构成的复杂综合体,各要素之间相互影响、相互制约,呈现出一定的相关性。相关分析是地理科学研究的一种重要的思维方法,我们可以对过去已经发生的两种或两种以上的地理事物进行统计分析,弄清楚它们之间是否具有相关性,再分析它们之间的关系。

2.构建主干知识结构体系

文科生认为地理知识点繁杂而散乱,很难记忆,这正是因为他们未能形成完整的知识结构体系。在系统复习中使学生形成严密的知识结构体系,贯通知识点之间的纵向和横向联系,加强知识迁移水平,是培养学生综合能力的重要渠道。在研习大纲、抓基本知识的基础上,要将地理学科中凌乱的知识点按照知识间的内在联系、因果关系、逻辑关系等串联起来,使知识系统化、网络化,把书本变“薄”。在建构中巩固基础知识、延伸知识外延、拓宽知识面,“以点带线,以线带面”,又把书本变“厚”。此阶段重视知识的整合与归类,强调知识的纵横交叉联系。

培养综合思维能力应立足于地理学科的主干知识,从基础扎实、准确熟练开始,到联系综合、融会贯通,再进而引申迁移、灵活运用。系统复习应做好以下三点:一是帮助学生构建完整的知识结构体系,二是提高学生的综合分析和知识迁移能力,三是依据内容精心设计复习形式。

(1)帮助学生构建完整的知识结构体系

地理学科具有综合性和边缘性,知识内容包罗万象,学生常常无法组织太繁多的知识点。应指导学生对所学地理要素进行整理、归纳、记忆、贯通,将知识归类串成线、编成网,形成纵横交错的知识网络,使学生掌握知识的内在联系。特别是在高考复习中,让学生掌握知识体系,认识地理事物的整体结构和功能是教师教学的重点之一。单纯记忆教材内容和盲目地做练习题是没有意义的,重点应当加强对学生基础知识的系统化训练,使学生能够迅速检索到与新的经验相关的认知结构部分,进行同化或顺应,从而产生新的认知结构。换句话说,知识点固然重要,但更重要的是将知识点连起来成线,以及用线织成网。根据地理知识的联系性质,我们可以将其划分为纵向联系、横向联系和多向联系。

所谓纵向联系是指地理知识之间存在的归纳、演绎及递进的联系。这种联系一般存在的范围较小,通常是章节知识内部之间的联系。所谓横向联系是知识之间存在的类比、相同和相异的关系。这种关系存在的范围较为广泛,知识点之间、知识群之间及不同章节知识之间都可能出现这种联系。所谓多向联系是指从某一知识点出发找出与其相关的各个方向的知识,建立这种联系的难度较大,而且不同的教师、学生也会得出不同的答案。然而只有建立起了这样的联系,才能将地理知识融会贯通,同时这种联系也经常是地理考试中的解题思路。通过建立知识间的联系形成地理认知结构,对于学生来讲是一个难点,然而这种思维对学生来讲极为有益。可以说,这种地理认知结构的建立是进一步培养学生地理综合能力的基础和前提,同时这一结构的建立过程就是对学生地理综合思维能力的培养。教师在教学过程中应随时将知识纳入地理认知结构,更应鼓励学生自己去建立知识间的联系,形成完整的地理认知结构。

王大赫主编的《高考综合能力总训练:文科综合》一书,非常全面准确地总结了复习过程必须涵盖的十个方面内容:整理地理知识的系统结构与联系;综合地理事物的空间分布与特征;概括地理现象的时间变化与过程;归纳地理事实形成的背景与条件;总结地理事件发生的意义与影响;分析地理事物的发展变化与规律;剖析地理原理的构成要素与概念;运用地理思维的联系线索与技巧;掌握地理观点的认识方法与实际;熟悉地理图像的判读原理与功能。

(2)提高学生的综合分析和知识迁移能力

地理事物之间存在着必然的联系,围绕着这些因果关系,可以使概念之间形成一个有机整体。引导学生贯穿知识点,发掘地理规律,认识知识的相关性,利用规律引申、推导,不仅可以减轻学生的记忆负担,还有利于提高他们的综合归纳能力,使学生更深刻地理解地理环境的整体性,建立地理思维。

(3)依据内容精心设计复习形式

可以将复习课由原来的教师归纳知识要点,再带领认知、熟记的传统方式,改为新颖、独特又适合学生特点的方式。由学生自行命题(归纳知识要点,经教师审核),自行设计具体的复习形式,进行以本学科为主题的知识竞赛,使学生在此项活动中,通过新颖、独特、紧张、愉快的竞赛达到复习和掌握已学知识的目的。同时,设计和进行活动的过程也是对学生综合能力的培养过程，学生的组织能力、反应能力及创新意识等都能在其中得以发挥和表现。这样教师把学习的主动权交还给学生，学生就会由"被动听取知识"转变为"主动寻找问题""努力创造学习知识的方法"。主动解决问题对学生创新意识和综合能力的培养都非常有利。可以说，能力培养的过程即不断发展思维的过程，既运用多种思维培养能力，又通过形成能力而发展思维。

全国著名特级教师王树声在他的文章中写道："把教材中的陈述性知识，经过师生共同的程序化加工，理清知识的层次脉络，掌握其宏观地位与微观作用，使之系统化；分析知识组成及各部分联系，使之结构化；总结地理事物与现象的分布、运动及变化规律，使之规律化；适用各种图像、图表、地图，文图结合，使之形象化；从定性到定量，从数据到图表，联系有框图，比较有表格，使之技能化。"这"五化"需要有综合分析、比较分类、归纳演绎、概括推理等多种思维活动，从而达到综合能力的形成。

3.强化各类图表的识读能力

读图题是培养综合能力最好的载体。地理图像系统具有形象性、直观性的特征，有利于促进学生形象思维、逻辑思维和概括能力的培养。

判读图表，提取有效的信息进行分析比较，组织恰当的语言进行描述、解释，强调图形的重要性，运用图、表、数据说明地理问题，反映地理学科形象的特征和基本的技能，也是地理命题不变的主题，更是综合测试卷中的重要内容。这些能体现学生基础知识和基本技能的掌握程度，最能考查学生的地理能力，被历年高考重视。

读图题可以分为有图和无图两种,关键都在地图。一个是外显的,另一个是隐性方式的,无图考图。读图题的训练对学生的空间判断能力、判读图表的能力及综合思维能力的养成有很大的帮助。地图是地理的"语言",是学习地理的工具,学生在学习中应该对各种地图与图表运用的特点、规律和方法进行归纳,养成以地理图表辅助记忆、思维的习惯,学会图文互换,学会绘制简单的地理图表,从图表中准确、全面、有效地提取显性和隐性的信息,以培养自己的读图、析图、综合运用地图能力。培养学生在阅读、分析、填充、绘制地图四个方面下功夫,包括地图以外的原理示意图、区域图、综合景观图、剖面图、知识关联图、统计图表等类型的阅读分析,同时加强训练,重视变式图。

各类图表的识读是解决高考各种问题的切入点与归宿,这是由地理学科本身的特点决定的,因而读图、绘图题便成为地理试题中一种具体的题型,培养学生识读图表能力显得尤为重要。

首先,搞清地图的基本要素,即方向、比例尺、图例和注记;根据问题寻找有效信息。图表信息一般可分为两类:一是显性信息,即通过观察一幅图表上的信息,便能归纳出地理事物和地理现象的特征,从而回答问题;二是隐性信息,即需要观察、分析多幅地图,从图表所表示的各要素的变化中,才能发现地理事物的发展规律。

其次,运用空间想象,与图表相结合,实现图形变换与图文转换。图像系统在地理教科书中发挥着以图引文、以图释文、以图补文、以图代文的作用。教师在教学中要逐步培养学生空间想象能力,进行图文转换训练。

最后,概括出相关结论。概括是认识地理规律的必由之路。识

第一章 地理

图时要不断分析综合、比较鉴别、判断推理,最终在变化多样的图像中概括出地理事物的发展规律,如等值线的分布即体现出"凸高为低,凸低为高"的高高低低法则。

地理事物在地图上的分布是有规律的,把握了这一规律,就能将有关的地理事物和地理现象表现在地图上,或将不完全的地图补充完整。

第二节　地理的教学方式

一、地理的教学方式

(一)高中地理教学方式的有效运用

高中地理是一门综合学科,兼具自然性和人文性,涉及的学术体系庞大,结构内容宽泛,也是中学阶段的重要学科。高中地理教学近年来不断进行改革,教学目标和教学内容更加明确,具有科学性、发展性,也对课堂教学提出了更高的要求。教师要不断探索有效的、合理的教学方式和手法,促进改革创新,培养学生学习地理知识的积极性,树立良好的思维方式,让他们能够获得有效的进步。多媒体技术的发展也为高中地理教学带来了新的手段和面貌,在完善传统教学方法的同时,让学生对地理知识有了更深入的理解,让学生在数字映像教学中直观地感受自然界和人类社会的形成与发展,激发更浓厚的学习兴趣。

1.高中地理教学方式的重要性

高中地理教学的主要目的就是促进学生获得知识和能力,强调基于素质教育理论,关注学生发展。在传统的高中地理教学中,学生通常是通过看地图、绘图标记、口诀谐音等方法来理解和掌握地理知识。而随着社会的发展,多媒体技术被应用于现代地理教学中,除了传统的面对面的授课方式,还有更多的数字技术及产品辅助教学,如多媒体投影仪、远程数字教学、数码电子产品,极大地丰富了教学手段。因此,高中地理教学应合理运用各种教学手段,结合地理教材的结构内容,调整课程教学模式,既要以各种灵活生动的方式激发学生对地理知识的兴趣和关注力,又要创新教学方式,提高学生自主观察和思考的能力。高中地理教师要不断完善现代教学观念,注重教与学的方式,改变以往枯燥单一的教学模式,充分利用现代媒体辅助教学,营造生动的课堂氛围,强化学生主体意识,调动他们学习的积极性,开展有效的课堂教学,让学生获得最大进步。

2.高中地理教学方式的有效应用

(1)培养高中生学习地理的想象思维方式

想象思维即以各种物像、符号元素为基点,充分展开与之相关的各种联想,把握其特定的信息、内涵等。想象思维的培养可以把各种关联要素联系起来,在学习中锻炼学生的发散式思维,使他们发挥自主创造能力,提高学习效率,改变单一的死记硬背模式。地理学科具有整体性,所研究的对象相互联系,不是孤立存在的,单一对象的变化必然会影响整体性。同时地理研究对象极具空间动态性,因此对学生的空间思维的意识培养是极其重要的,而想象思维的锻炼可以使学生逐渐形成独立的空间意识。比如,以前在高中地理课堂教学中,教师常以张挂地图的方式来讲述地理空间,学生很难去想象其丰富的地理环境,而在现代地理课程中,完全可以运用计算机技术模拟区域地貌,让学生通过画面来想象其空间形态,从而思考、推理和判断某区域的地理风貌特征、成因。

(2)强化传统教学方式的有效性

现代高中地理教学方式虽然很大一部分运用了技术辅助设计,但机器与人的交流还存在一些弊端。传统教学方法有阅读地图、口诀法、谐音法、空间法、比较法等,虽然教学方式单一,但如果能巧妙地设计并配合合理的技术,往往会达到不一样的教学效果。比如,运用传统的地图教学,教师要善于运用地图的分类教学,让学生掌握分类地图的切换,在读图的方法上先确定读图的主题,明确图例,观察细节,再联系实际归纳总结地理规律和特点,学会巧妙地记忆地图;还可以结合其他传统教学方法,如口诀法等进行综合学习,举一反三,使学生真正会阅读地图、运用地图。

(3)充分发挥多媒体技术在高中地理教学中的应用优势

高中地理教学的教学方式核心在于教师的教学设计,教师无论运用何种手段都是服务于基础教学内容。近年来,随着科技的发展,现代化教学技术广泛应用于教学中,极大地丰富了教学方式和方法。因此在高中地理教学中,教师要合理利用多媒体计算机资源,充分发挥其技术优势。首先,教师要学会运用多媒体来规划教学目标和教学大纲,形成完整的知识结构体系。地理是一门综合艺术,重点、难点居多,知识层次复杂多样,地理教师要深入探讨,合理、科学地设计教学结构和课堂布局。这不仅有利于教师统筹教学内容,也有利于让学生借助多媒体课件一目了然,更好地做到知识的衔接。其次,充分发挥多媒体技术的图像传达功能,利用色彩、音频、动态影像等来精心设计课堂教学过程,激发学生的学习热情,让他们理解和体会教学内容。合理运用多媒体技术的教学优势，既能使高中生在地理学习中通过加深感性形象认识，升华至理性逻辑思考，能调动他们的学习潜能，弥补高中生逻辑思维的不足，又能够开阔学生的视野，升华知识眼界，激发他们的探索欲，吸引学生更多的关注力，便于学生获取、理解地理知识。最后，在高中地理教学中运用多媒体的网络资源优势，能实现高中地理教育信息资源的共享。以前高中地理教学相对闭塞，只是一个教学单位或者一个地域教学系统的资源交流，通常是以公开教学演讲的方式展开。而随着信息技术的发展，教师可以快捷地进行地理资源、网络教学共享，学生不仅可以从传统课堂中得到知识，还可以通过网络教学自主学习，而且教师可以在资源共享中不断整合和提升教学内容和方法。因此，在高中地理教学中，教师要合理利用多媒体技术的优势，让多媒体这一辅助教学技术更好地服务于高中地理基础教学，使教学目的更好地完成，知识结构更好地优化。

高中地理是一门重要学科，教师不仅要不断调整教学结构和课堂设计，还要不断完善教学方式方法，突出重点和难点，使教学过程更加形象和直观，让学生能更快捷、更全面地掌握知识，进而获得更好的发展。

（二）新课程标准下对中学地理课堂教学方式的探究

教学经验是教学实践的结晶。一般来说，从事教学工作时间较长的教师在教学实践中积累的经验丰富一些。教学经验既源于实践，又与教育思想、教学原则、教学方法密切联系在一起，特别是与教学方法的联系最为直接。应该说好的教学方法的运用，能够收到好的效果，从而就能成为经验；如果方法不当，教学效果不好，就不能成为经验。

1.坚持课前"四备"，生成精品"学案"

课前"四备"：一是备地理教学大纲、地理教学考纲和《国家地理课程标准》，使教学有明确的目标。二是备教材。新教材注重教学与生活实际相联系，注重引导学生学习方式的转变和培养学生的问题意识，体现学生身心发展规律，并为教师创造和学生发展留下余地，有利于师生互动。这就要求地理教师课前要充分研究教材，挖掘教材内容，创造性地使用教材。此外，地理教材有多个版本，而同一地区对各个版本的教材都有使用，这还要求教师要有教材的整合能力。只有认真备好教材，才会使课堂教学知识条理清晰、重难点突出。教师与学生双方的地位和作用不是一成不变的，而是处在不断变化发展中。教师由过去的领导者、指挥者变成了学生学习的组织者、促进者和服务者，越来越凸显学生的主体作用。以认知过程而言，教师闻道在先，承担着知识的继承和传授任务，将学生由不知引向同知，由不会引向掌握一定的知识和学习方法。三是备学案。学案是课堂上教师教学内容、教学方式和学生学习方式等的具体体现，学案质量的高低对一堂课的教学效果有重要影响。学案生成的指导思想是体现让学生怎么"学"。撰写学案的要求：课前教师个体充分研究教材教法，教研组和备课组集体认真探讨，初步形成较高质量的学案；课后教师认真反思，备课组总结交流，整理修改，形成更高质量的学案，为高效互动课堂的建立打下坚实基础。四是备方法。好的教学不是教知识，而是在激励学生学知识。教育的宗旨不在于把尽可能多的知识教给学生，而在于教会学生怎么学习、怎么发展自己。教学方法的选择是决定一堂课成效的关键。

2.正确理好地理教学中的三大关系问题

(1)处理好基础知识与能力的关系

中等教育地理教学的任务主要是使学生掌握必备的基础知识,包括基本概念、基本理念。学生能力的培养主要指自学能力、记忆能力、思维能力、理解能力、运用知识分析问题和解决问题的能力等的培养。基础知识和能力两者之间紧密联系、相辅相成,不能把两方面割裂开来或对立起来。学生能力的培养总是建立在一定的基础知识之上的,没有较扎实的基础知识,能力培养就是一句空话;能力的培养应贯穿于基础知识教学的全过程中。因此,要培养和发展学生的智能,必须首先抓好基础,要在基础知识、基础理念的教学中做有心人,着力对知识进行拓展、加深、分析和运用,使学生熟练掌握。只有对基础知识的熟练掌握,才能促进智力和能力的发展。无论是基础知识的掌握还是能力的培养,都必须做到循序渐进、逐步提高,不可一蹴而就。

(2)正确处理教法与学法的关系

随着多年来的教学改革,学生成为课堂活动的主体,教师首先要对学生的深入发展负责。教师要对教学方法进行积极改革与研究,并对学生地理的知识水平和认知能力有充分的认识,使教学内容、练习等活动设计与学生的认知水平相一致,这样才能使学生在课堂上积极参与,富有收获。教师在地理教学过程中必须正确处理好主体与主导、基础知识与能力培养、教学与学法、智力与非智力的关系,以及课内与课外、必修课与选修课等多种关系。

(3)教学中坚持以学生为主体与教师为主导的关系

在教与学的矛盾中,教师处于主导地位,起着支配作用。教师肩负着教书育人的职责，党的教育方针、学校教学计划和教学任务都要依靠教师去执行和完成，教师在整个教学过程中起着组织、领导和教育管理的作用。现代教育研究指出，教师在教学实践中创造出了许多好的经验和好的教学方法，然而对学生学法的研究和指导相对滞后，影响到教学质量的提高。教师要处理好教法和学法的关系，必须加强学生学法的指导，帮助学生掌握科学的学习方法。只有使学生的学法与教师的教法改革相配套，才能达到教学同步前进的良好效果。因此，我们在研究和改革教学方法的同时，也要研究学法，帮助学生学会学习。

在现代教育中，启发式教学法已得到广泛运用。然而有的用得好，有的用得不好，其效果也截然不同，问题在于如何运用。启发式教学法的运用目的是调动学生的积极思维，引起共鸣，拓宽思路，四处求索。绝不能把启发式简单地理解为设问，不断地向学生提出问题。例如，有的教师在教学中不考虑教学的要求和学生实际，课堂上一味地设问和提出问题，教师总向学生提出"是不是呀""对不对呀""正不正确呀"等问题，一堂课往往是一问到底。由于设问过多，学生听起来乏味，也就不加思索地随声应和，使课堂气氛受到影响。启发式教学的运用在于不断为学生创设研究、探索问题的新情景。同时，通过对学生思维的点拨或启迪，不断将学生的思路引向一定的目标和方向，或者说为学生分析、思考问题设置思维升华的阶梯。从认识论来讲，其遵循了从个别到一般，又从一般到个别的认识程序，遵循了从表及里、从现象到本质的升华过程。启发式教学既广泛又灵活，但必须根据实际需要去运用，决不能简单了事。

二、地理的教学方式与学生

(一)如何将地理知识融入学生社会生活

地理教师应很好地抓住当前的大好机会，用学生生活中的真实事例去解析所学的地理知识，用地理知识去剖析那些生活和自然中的奥秘，引导学生学以致用、学有所得地去寻找和享受生活中的地理乐趣，让地理的种子通过实践在学生心里生根发芽，茁壮成长。

首先，将生活中的实例引入地理课堂，让学生融入地理知识范围中，拉近彼此距离，加深地理应用的普遍性。虽然地理课本上有许多精心挑选的实例，但每个地方都有着独特的区域性，所以教学内容不能照本宣科地灌输给学生。要想让学生理解所学地理知识与之日常生活是息息相关的，就必须要让学生在地理课堂学习中看到实实在在的地理的各样形态，列举那些学生们司空见惯的地理现象，开阔学生们的视野，增长学生们的见识，丰富学生们的感知。比如，从人们生活中的衣食住行入手，运用地理知识，向学生们诠释一些常见的生活现象，如春季回南天，为什么关闭窗户比打开窗户更能保持室内的干燥，为什么夏天穿白色衣服比穿黑色衣服感觉凉快，为什么农民用烟熏法来保护庄稼，为什么本地正午的太阳影总是朝北。这些多姿多彩的生活现象，不但能反映地理知识在生活的应用普遍性，而且能激发学生对地理知识学习的兴趣，使学生对地理内容的掌握更具积极主动性，从而顺利地让地理知识的种子在学生心里生根发芽。

其次，把自然界中的那些奥秘，用地理知识去分析，解答学生心中的困惑，见证地理知识的伟大魅力，激发学生地理学习兴趣与积极性。地理课程很容易让一些学生联想到平日家庭生活中红白喜事需要看日子、看风水所请的地理先生,其实地理先生所依据的罗盘、命书,也是属于地理知识的一部分内容,只不过内容范围更综合复杂一些而已。因此,在地理课程中适当地引用看日子、看风水等实际事件为案例,进行地理知识内容的分析,不仅能冲散一些世俗的封建迷信思想,还能更好地引导学生们学习地理知识的正确态度,更能引起学生们的探究心理,让他们体会到地理知识就在我们生活环境中,随时随处可见,从而对地理知识产生渴望,有需求感。这样才能让学生们将所地理知识原理进行吸收消化,经过融会贯通,学会发现问题、解决问题,深刻意识到地理知识作为一门专业的科学课程,传承着中国乃至世界几千年的宝贵文化遗产。掌握好地理知识才能不被生活中、自然环境中那些看似神秘的表象所迷惑,才能对生活乃至人生道路做出正确的判断,让走向成功的步伐更平坦、更坚定。

最后,组织相关主题活动,引导学生自主自发地运用所学地理知识,对身边生活中的现象进行地理分析,享受地理知识实践的乐趣。都说兴趣是最好的老师,要想激发学生们对地理知识的自主学习热情,还需要教师对日常生活细心观察和积累,善于从生活中提炼出相关的地理知识,在地理教学课程引入生活中的实例,更好地为学生学习地理的主动性做推进作用。教师在地理课程教导中,可以细心地引导策划一些可以用地理知识解决的生活中常见问题,让学生能自觉主动地将所学地理知识自然地运用在生活中。比如,利用由指南针指向来确定方位的方法,开展一些需要学生们自主反应动手的主题活动,让地理知识逐步融入学生生活中;开展模拟某地旅游的线路规划与准备工作，让学生们通过自己参与和亲手策划，真切地体会到地理知识在实际生活中的重要作用。

夸美纽斯说过，论什么东西，不可单因它在学校里有价值去学习，要它在生活上有用才可学，这样学生学的知识才不至于一出学校立刻被社会现实所淘汰掉。我们都生活在充满着地理知识的社会现实环境中，生活到处都有地理知识实例，为了使学生更好地服务和规划好自己的生活环境，应让学生将地理知识学以致用，寻找和享受生活中的地理乐趣。

(二)高中地理教学中学生地理素养的培养

学科素养是学生经过系统学习后形成的比较稳定的学习习惯和思维方式，是学科能力的综合体现。地理素养的形成是一个长期渐进的动态过程，会对学生今后学习地理方面知识的方法、能力和意识起到积极的促进作用。地理素养的涵盖面十分广泛，可以分为地理科学素养、地理人文素养和地理技术素养等层面，涉及地理知识、地理方法、地理能力、地理态度、地理情感等很多专业要素。这些要素之间相互影响、相互联系，形成了一个整体的、复合性的概念。地理素养具有广泛的研究范围、丰富的研究方法和综合性的研究内容，具有综合性、动态性、空间性、现实性、实践性和终身性等多方面的基本特点。

地理素养及其人文方面的影响是高中地理学习的一个重要方面。高中阶段是学生学习过程中极其关键的时期，在这一学习阶段，教师应通过有效的地理素养教育来提升学生的个人品质和综合素质。地理素养的培养使学生在学习地理知识时能结合日常生活，经过深入的思考和严谨的论证，来更好地理解地理学习的深层次内涵,从而加深对于地理知识的巩固和运用,有效地促进学生地理学习的进步,实现更好的发展。这在学生的学习方面是十分合理的,符合高中学生的心理特点和认知特征。一旦学生形成了良好的地理素养可以对发展产生深远的影响。所以我们在教学中既要抓紧地理基础知识的教授,又要着重培养学生学习地理的科学方法。例如,在学习如何计算正午太阳的高度时,不应该只要求学生背诵记忆所学的内容和公式,要学会帮助学生理解,将公式转化为"正午太阳高度=90°-纬度差",就便于学生理解记忆了。

1.学生地理素养的培养情况

(1)地理学科的教育现状

地理教学横跨自然科学与社会人文两个领域,号称"文科内的理科"。而实际的地理教学只重视传统文科课堂"教师讲、学生记"式的知识传授,很少会涉及实验的内容,往往直接把课本所涉及的原理和规律呈现给学生,缺乏理科教学的理念,教学手段单一,课堂气氛沉闷单调。在这样的课堂上,教学的主体是教师,学生只能被动接受,对于问题的看法只停留在表面,没有深入地思考和探究。长此以往,会影响学生的学习热情,学生会缺乏思辨能力和创新意识,丧失地理实验的动手能力和空间想象能力。目前,国内对于这一方面的研究非常少,更多的是停留在理论阶段,缺乏系统性和实践性,其理论成果没有实际教学案例为支撑,难以培养学生的地理素养。同时,长期的应试教育的痕迹还没有褪去,分数依然是人们比较重视的标准,"分数少"的地理学科自然就被人们当作了"副科",学校对地理教学缺少应有的重视。这就导致地理教学的条件比较差,教师缺少资金、实验室和仪器来开展地理实验教学,只能在课堂上以教材为主自顾自地讲解,并要求学生死记硬背,实际教学效果比较差,学生地理素养的培养几乎没有。

(2)学生地理素养的培养困境

地理素养教育是一个新兴的综合性教学课题,在实际教学过程中存在以下四个问题:第一,地理教师对地理素养的认识不够,没有必备的专业知识和详细教案,在教学中不知道从哪些方面的工作入手,导致大多学生对于地理素养的概念和感觉模糊。第二,教师本末倒置,学生被动思考。关于地理素养的问题大多是由教师在课堂上提出的,而且"教师问、学生答"是地理素养培养的主要活动,学生被动接受的情况没有改变,这样的教学"治标不治本",容易让学生对地理素养进行机械处理。第三,学生的创造性不足。对于一个地理问题,学生们不愿意开动脑筋,只有教师引导了才会去思考,很少有学生提出与众不同的看法,学生普遍缺乏创造性和求异思维。而地理素养的培养需要学生有探索精神,能创造性地看待和解决问题。没有创造性也难谈地理素养。第四,教师缺少培养学生地理素养的意识。很多教师在课前不会精心设计课堂教学,课堂随意性很大,凭借着教学经验和感觉进行教学,往往只会重复以往的教学经历,不会实时创新自己的教学技巧和手段。对于地理素养这一新兴的教学理念,很多教师不够重视,缺少培养意识,学生在这一方面没有受到很好的引导,很难取得理想的进步。

2.如何培养学生地理素养

(1)提高教师自身的地理素养

教师是培养学生地理素养最为关键的一个环节。如果地理教师有很高的地理素养,在授课时能将教学内容描述得生动有趣,使学生触类旁通、举一反三,让学生有身临其境的感觉,学生自然爱听,能学到的东西也就更多。这就要求教师在教授时能随手绘画,把教学内容惟妙惟肖地画在黑板上;在讲授原理时能言简意赅,让学生把注意力放在课堂教学上;在地理现象类教学时能联系生活,让学生感同身受地加深对知识的理解。例如,在讲解热力环流时,学生对于地面的情况比较熟悉,往往习惯性地将其套用到上空的情况,认为气压高的地方气温低,气压低的地方气温高,得出"近地面气温高的上空气温低"的错误结论。教师可以用生活中的例子来向学生们解释,拿冬天的火炉取暖为例,问学生是把手放在火炉的上面还是火炉上空的旁边,当学生回答是"火炉的上空"时,自然就会恍然大悟。

(2)在课堂教学中创设丰富的情景

"凡事预则立,不预则废。"教师在课堂教学前应对教材进行深入挖掘,做好必要的知识储备和扩展,撰写详细严谨、切实可行的教学预案,注意创设丰富的情景,做好相关环节的关联性。一般来说,学生对于地理知识中预测、规划、设计类的问题有很高的兴趣,参与积极性比较高。教师要充分利用这一点,精心设计问题模拟情景,让学生自己去规划和预测,自由地表达自己的观点,对于学生的见解给予肯定或矫正。例如,在涉及宇宙方面的知识时,可以让学生发挥自己的想象力,设计模拟情景:如果人类想在太空发展,可以怎么一步步地施展,预测一下人类的生活、生产等方面会发生什么样的变化。又如,在涉及自然灾害方面的知识时,可以向学生展示我国南方严重洪涝灾害地区的等高线图,请学生预测一下图中地区会出现什么样的灾害,哪些地区受暴雨灾害的影响最大,哪些地区容易出现泥石流,又有哪些地区相对安全;假设学生正在经历这场灾害,需要准备哪些东西,需要注意哪些事项。这种代入式的情景学习可以让学生身临其境,更好地感受和运用地理知识,在潜移默化中增强地理素养。

(3)在课堂外开展有效的探究活动

有效的探究活动是快速培养学生地理意识和素养的重要手段。这里所说的探究活动主要指野外专项实践探究,培养学生野外实践的地理素养。高中阶段学生的思维活跃,活泼好动,对于野外探究有很强的兴趣,而这类活动的实践性、挑战性和扩展性比较强,需要加强教师的指导与合作。探究的一般过程是这样的:教师根据教学目标向学生提出任务,然后让学生自己自制方案、分组实践、收集证据、汇报交流。这种实验要利用学校的平台,综合地考虑,如可以利用学校组织的春游和秋游的机会,设计一些旅途考察活动:出发前,教师自己先把线路摸清楚,制作旅游游戏填充地图,让学生每到达一处就在图上相应的位置做出标记,并且通过交通线路向学生普及国道、省道等外出必备的地理知识,充分地利用旅游路线中的地理因素;回来后,让学生分组讨论,分析路线中的地理因素,自由交流,看一看能不能优化一下实际的旅游路线,或者实际方案中有没有一些隐藏的问题,并让学生在讲台上当着其他同学的面,把自己的看法讲解出来。通过多种途径的探究活动,让学生自己动手增强地理学习能力,从而增强自身的地理素养。

总之,高中地理教学中学生地理素养的培养是教学的一个重要方面,对学生在今后学习和运用地理知识上有很强的指导作用。这不仅仅是单一学科的素养教育,更是学生学习生活乃至人生哲学上的培养教育,有利于提升学生的综合素质,提高审美情趣,塑造高尚的品格,让学生终身受益。

第三节　地理教学应用现代化技术

一、地理教学现代化

(一)背景

2003年国家教育部颁布的《普通高中地理课程标准(实验)》中提出"强调信息技术在地理学习中的应用"这一基本理念。这说明地理教学要紧跟时代的步伐,重视数字技术、媒体技术与地理教学相结合,努力为学生创造一个地理信息意识、地理学习能力不断提升的环境;不仅主张把这些数字技术、媒体技术作为强化知识记忆的手段,更提倡开发及应用这些技术,培养学生的综合能力。

现代化技术为地理课程开创了一个崭新的时代,电子杂志、数字电视、移动客户端、触摸媒体的广泛普及,彻底改变了人类传统的学习方式,国际上越来越重视将现代化技术和教育教学相结合。例如,英国学校要求学生使用现代化技术来收集、分析、处理地理数据,用现代化技术制作地理传单,学会运用模拟软件研究各种自然灾害。现代化技术为学生提供了一个良好的、便利的学习环境,在学生自主获取地理知识、锻炼地理探究能力、掌握地理学习技巧等方面都起着积极作用。学生采用现代化技术获取学习资料,开展自主学习、合作学习等一系列活动,逐步建构并完善地理知识网络,进一步提升地理学习能力。

地理自主学习是指通过地理教师的引导,学生主动确定地理学习目标,明确地理学习内容,选择地理学习方法,评价地理学习过程与结果,独立、积极、主动地计划与调整的过程。

现代化逐步转变着人们的学习、生活和沟通途径,在各个方面扮演着重要角色。就地理自主学习而言,现代化为其提供了多种技术支持:经过现代化整合的地理文字、图片、音频、视频、虚拟实境等可为学生提供丰富的地理学习资料,既真实再现了地理情景,又能大大激发学生地理学习动机,强化自主学习效果。总的来说,现代化不仅仅为教师教学提供辅助手段,更为重要的是辅助学生自主学习。地理知识日新月异、永无止境,学生利用现代化开展地理学习对他们来说获益无穷,现代化展现其辅助地理教学的重要优势,因此地理自主学习呼吁恰当运用现代化技术。

地理教学的目标从来不单单是向学生传授地理知识,更为重要的目的是帮助学生树立正确的价值观念,让学生学会学习、学会生活、健全人格,促进学生德、智、体、美、劳全面和谐发展。因此,地理教学要从学生的全面发展和终身学习出发,设置符合实际生活需要的课程内容。

与时俱进是学生全面提升、终身学习的必备要素。学生获取学习资料的方式伴随着现代化技术的快速更替也更为便捷,现代化技术为学生提供更加宽广的学习渠道,使学生学习生活更加丰富多彩,提供一个学生全方位发展的良好环境。它能够提供单独学习、合作学习和双向交谈性互动学习等情境的自由转换,除加强师生间的沟通外,也可促使学生主动参与学习,适合各自需求及速度。现代化把自己的优势和长处展示给每一个愿意获取的人,已成为学生学习、生活、人际交往必不可少的内容。学生思想感情、道德观念、人格品质、创造力培养、潜能开发及自我实现都与现代化息息相关，积极倡导现代化与地理教学有效结合对学生全面发展十分重要。

1.研究意义

（1）有利于推进地理新课程改革

《基础教育课程改革纲要（试行）》在"教学过程"部分明确指出："大力推进信息技术在教学过程中的普遍应用，促进信息技术与学科课程的整合，逐步实现教学内容的呈现方式、学生的学习方式、教师的教学方式和师生互动方式的变革，充分发挥信息技术的优势，为学生的学习和发展提供丰富多彩的教育环境和有力的学习工具。"现代化技术能够为高中地理教学提供丰富的辅助工具，能够更加立体形象地演示地理课程内容。学生可通过现代化技术提高独立自主学习能力，摆脱长久以来机械学习、被动接受等消极状况。因此，现代化与地理教学相结合，既有效推动地理课程进步，又推进地理新课程改革，展现出其重要价值。

（2）有利于实现地理教学目标

地理教学目标是教学活动的实施方向以及知识与技能、过程与方法、情感态度与价值观三方面期望的结果，是一切地理教学活动的出发点和归宿。地理学科较为特殊，教材内容涵盖大量难懂的概念、不易理解的原理和难以复制的地理现象，让学生掌握这些概念、原理和现象常常是教学三维目标的要求，这往往是整个教学活动的难点。现代化技术在一定范围内能够帮助师生克服这些问题。地理教师依靠现代化技术能直观再现教材内容，降低学习难度，学生利用众多途径收集地理资源并运用于学习中可提高学习效率。

同时,在数字信息时代,教师引导学生正确有效利用现代化技术有利于培养学生的媒介素养,使学生养成科学求真的态度,最终真正落实地理教学三维目标。

(3)有利于激发地理学习动机

学习动机是指激发学生发生学习行为,保持已引起的学习行为,并使之朝向确定目标努力的心理倾向。地理学习动机是一种用来促使学生主动学习的动力,这种动力也是鼓励学生不断进步、不断成长的心理需要。地理教学过程中,学生的心理需要是影响地理学习的重要因素,引导学生主动学习比教会他们基本的地理知识、地理技能更加关键。因此,怎样激发并维持地理学习动机变得极其重要。如今网络信息高度发达,现代化技术受到学生的广泛欢迎且使用范围较广,地理教师运用现代化技术辅助教学的开展有利于满足学生的心理需要,从而激发学生的地理学习动机。

(4)有利于加强师生交流互动

师生交流互动即"教"与"学"两者彼此联系、彼此促进、有序进步的整体性活动。地理教学是由教师和学生相互交往形成的,两者沟通的目的就在于顺利完成地理教学内容,达成地理教学目标。良好的沟通既是教学的必备条件,又是教学的内容和手段。目前地理教师和学生之间的交流基本以地理课堂为主,局限于地理课堂内的师生沟通十分有限。在仅有的45分钟时间里,学生有很多想法和问题不能及时与地理教师进行讨论,不利于优化地理学习。现代化技术打破时间、空间的限制,让地理教师和学生可随时随地就地理问题展开讨论,通过现代化技术实现双互动,从而有效地辅助地理教学。

（5）有利于为学生未来实践活动提供指导和帮助

地理学科是研究地理环境以及人类活动与地理环境相互关系的学科，在解决当代人口、资源、环境、可持续发展等一系列问题中发挥着重要的作用。美国的《生活化的地理学：国家地理标准》指出："随着科技进步，地理资料的呈现不再限于传统的平面形式。"现代化技术使得地理课程资源更为丰富，地理资源可借助多种平台展示给师生，让学生通过多元的方式了解地理知识，结合实际生活进行反思总结，使学生学会思考，学会沟通，从而更好地为地理教学服务，为学生未来的生产生活实践奠定坚实基础。

2.国外研究现状

（1）现代化研究

1967年，美国哥伦比亚P.戈尔德马克在关于开发电子录像商品的计划书中第一次提出"现代化"；1998年联合国新闻年会首次讨论"现代化"。20世纪70年代末至80年代初，"现代化"迅速成为西方发达国家热门话题，有关现代化的研究成果也不断丰富。

国外关于现代化的专著主要有桂敬一的《多媒体时代与大众传播》、斯坦利·巴兰和丹尼斯·戴维斯的《大众传播理论：基础、争鸣与未来》，以及专门刊登现代化研究的杂志，如《现代化与社会》《传媒融合》。这些著作及杂志普遍认为现代化以其崭新的沟通方式和强大的传播能力逐步影响着整个社会，重点关注现代化对现实社会的改变以及如何发挥出现代化的宣传功能等，从宏观上对现代化有较为深入的分析。

（2）现代化与教育

通过对唐·泰普斯科特《数字化成长：网络时代的崛起》、比尔盖茨《未来之路》、大卫·白金汉《英国的媒介素养教育:超越保护主义》、W. Jams Potter 的 *Media Literacy and Learning* 等现代化相关著作的梳理,笔者发现国外对于现代化与教育相关研究主要涉及以下四个方面内容。

第一,国外学者提出现代化环境激发出一种微学习内容,并对这种学习内容、学习方式进行介绍。

第二,现代化背景下必须重视媒介素养教育。学者们认为该时代背景下媒介素养教育具有多元开放的特点,呼吁将教育教学与现代化有机结合,鼓励学生运用现代化进行学习,以促进学生的个体成长和对现代化的亲身感受。

第三,现代化为教育开展提供多种选择方案。学者们认为数字技术使得教授和学习方式更加丰富多彩。

第四,在课内外教学过程中,教师应当为学生提供健康安全的现代化地址链接,引导学生合理使用,自觉发现问题,主动讨论解决问题。

3.国内研究现状

我国关于现代化研究著作有熊澄宇的《现代化与创新思维》、蒋宏和徐剑的《现代化导论》、杨继红的《现代化生存》和《谁是现代化》、石嘉的《现代化概论》、陆小华的《现代化观》、田智辉的《现代化传播——基于用户制作内容的研究》等。通过对《现代化背景下大学生思想政治教育创新研究》《现代化时代下普通高中语文有效阅读教学策略的研究》《iPad 辅助中学地理教学的初步研究》《基于现代化的中学美术交互性教学研究》等文章的分析,笔者发现国内学者对现代化与教育教学的研究涉及以下三个部分。

（1）现代化在高校教学中的应用

一方面，现代化与高校思政教育相关理论成果较为丰富。赵敏认为，高校必须重视现代化对于加强大学生道德教育的作用，构建现代化与学校、家长、学生相结合的立体教育模式；季海菊提出，现代化时代的思想政治学习资源要跨界融合，教育主题要跨界汇合，精神文化要跨界联合；胡小芹探讨了现代化在高校学生思想道德、生活、学习中发挥的重要作用，分析其给思想政治教育带来的新契机；周慧敏对现代化背景下如何增强高校思想政治教育的有效性展开研究，并提出相应对策；熊舒平认为现代化开拓了高校思政教育的空间，为课堂提供了更加丰富的教学资源，改变了学生的学习、生活及思维模式，增强了思政课堂的亲和力；陈茂生提出，思想政治教育必须满足正面性、稳定性、创新性等基本原则，否则该教育难以成功。另一方面，高校也十分重视现代化媒介素养方面的研究。其重点在于帮助学生端正使用现代化的态度，引导学生树立正确价值观，提升学生对现代化的判别能力，使学生能客观评价这些现代化技术，帮助学生建构媒介认知体系，逐步提高媒介道德水平。

（2）现代化在中学教学中的应用

现代化在中学各学科中应用范围逐步扩大。从语文学科来看，学者认为，现代化运用于中学语文教学是符合时代发展与满足语文学科要求的必然趋势，要逐步认识现代化与继承发扬传统文化的辩证统一关系，提出现代化符合中学语文教学有效策略，即转变教学理念，改善教学方法，提升教师素质，以身作则为学生树立榜样。从政治学科来看，学者们提出，现代化对中学生的心理活动、思维方式、语言习惯等都存在影响。因此，教学要进行改革，即创新教学方法，深入理解现代化意义，处理好现代化与政治教学相互关系，不断地探索、反思，为政治课程的进步而努力，加强政治教学资源建设，让现代化新技术为政治教学服务。从美术学科来看，教师将美术教学与计算机、数码相机、智能手机等现代化设备相结合，虚拟与现实相互影响学生的思维，丰富了美术资源。现代化技术作为交互性教辅工具，在美术教学实践之中具有不可替代重要的作用。

（3）现代化在高中地理教学的应用

目前，我国针对现代化在高中地理教学的应用分为两个大的研究方向。一个研究方向聚焦在地理课内，理论成果较为丰硕。学者们以信息技术课堂研究为主，结合实例分析多媒体在高中地理课堂教学中的优势和积极作用；提出多媒体课件有利于突破地理教学重难点，及时反馈学生学习状态的观点；探索信息技术支持下新的地理教学模式；调查分析信息技术的使用情况，着重强调信息技术对人才支撑体系和人才队伍建设的促进作用。还有一些学者初步对一些现代化技术在高中地理课堂的应用方法进行研究。另一个研究涉及地理课外延展方向，还处于萌芽阶段。仅有少数文献探讨了现代化技术在支持高中地理教学、布置作业以及在教学中的应用方向等内容。这些文章对现代化技术辅助高中地理教学仅限于简单的概述。

综上所述，我国对于现代化技术在高中地理教学中的应用研究还不够充分，与高中地理课外延展方向相关的研究更少之又少，但采用现代化辅助高中地理教学是教育改革发展的趋势之一，因此研究才具有研究的价值和空间。

(二)现代化技术辅助高中地理教学的依据

1.多元智能理论

美国心理学家霍华德·加德纳在其著作《智力的结构》中提出多元智能理论，我国也将多元智能理论作为新课程改革的重要指导思想之一。霍华德·加德纳认为每个人都拥有八种智能，即言语、数理、身体、视觉、音乐、自知、人际交往、自然观察智能。关于智能，他主要有以下两种观点。

第一，符合个体需求。该观点指出学生的智能是多元的，每位学生的智能组合方式不尽相同，充满个性特点。在地理教学过程中，学生智力水平不存在高低，只是学生适应的教学方法以及本身的学习进度有一定差别。因此，地理教师给学生配以个性化的教学更能满足个体要求。地理课堂本身的特点导致教师无法同时照顾每位学生的进度，但现代化技术能完成这项任务。现代化技术能帮助高中地理教师掌握每一阶段学生的地理学习状况，为教学提供丰富的地理资料，有助于满足学生个性化要求，也能更好地完成地理教学任务。学生利用各种现代化技术从自己感兴趣的某种智能出发，积极开展地理自主学习。

第二，促进全面发展。多元智能理论认为学生喜欢用自己擅长的智能去获取感兴趣的知识，他们往往对枯燥单一的课本没有探究欲望，这将导致学生的多元智能不能充分调动起来。因此，地理教师在课内外教学过程中，要充分利用现代化技术的各项功能，激发学生的多元智能。例如，利用现代化的互动沟通功能提升学生的人际交往智能，利用现代化展示音频、视频、虚拟实境等有利于学生视觉智能的发展。

2.建构主义

建构主义以行为主义和认知主义为基础。建构主义指出新知识的获得是学生借助某些辅助条件，在原有知识的支持下，通过积极探索、领悟、体验和沟通问题，从而自觉构建知识脉络的活动过程。建构主义主要有以下两种观点。

第一，学习即主动构建知识。学生是一切教学活动的主体，占据主导地位，学生对获得的信息进行筛选、整理从而构建自己的知识体系。随着时代的发展，现代化技术渐渐成为学生自主学习的重要手段，学生可以借助不同的移动终端获得地理知识，进行地理学习，同时地理教师可依据课程内容及学生实际进度采用现代化技术帮助学生构建知识模块。由此可见，在学生建构知识的过程中，现代化技术手段起着重要作用。

第二，师生之间的沟通、对话推动知识构建。建构主义者主张知识不仅通过学生和实际生活环境相互协调而构建，师生之间的密切联系也十分重要。地理教学包括教师教授、学生学习，更为重要的是双方的互动和共同进步。学生在原有知识基础上重新理解地理知识容易局限于某一方面。因此，为了促使学生较为全面地建构地理新知识，师生之间的互动、沟通、协作显得尤为重要。现代化技术为师生课外交流提供了多种多样的便捷方式，为学生创设了理想的学习环境，有利于激发学生潜能，丰富学生对知识的理解，从而促进其知识的建构。

3.自主学习理论

自主学习理论是在以"学习者为中心"的多学科理论基础上发展起来的。我国专家普遍主张，自主学习是指学生在教学任务、教学目标的引导下,有计划地主动选取学习内容和学习策略,进行知识建构和问题解决的过程。在自主学习过程中,学生始终能做到自我调节、自我监控和自我评价。自主学习理论的要点主要有以下两方面。

第一,学习即学生主动形成知识网络。地理自主学习要以学生为主,学习进度由学生自主调节,选择适合个体的模式、策略、方法。所有教学活动要围绕学生进行,在整个过程中,教师应当逐步引导学生,促使他们积极去探寻地理规律,加强教学互动性,使学生的个性特长得以发挥。现代化技术在辅助学生地理自主学习的过程中担任重要角色,学生可以自主挑选学习方式,设计学习计划,设置学习步骤,学会安排进度,学会反思总结,在自主选择的基础上最终提升学习的能力。

第二,教师应当为学生自主学习提供相应条件。学生由于自身地理知识建构的有限性,自主学习时难免会遇到无法解决的问题,需要地理教师的帮助。因此,地理教师要在不同时间、不同空间,提供有效的方法、手段和工具,辅助学生自主解决问题。现代化技术在自主学习过程中能够满足以上要求,地理教师可通过现代化技术手段向学生提供系统的学习资料,可跨越时间、空间向学生展示学习重点内容,同时也可在线与学生进行沟通,帮助解决地理问题。

4.非正式学习理论

正式学习是指在学校的全日制教育或工作后的继续教育,有固定的时间和场所;非正式学习则是指在非正式学习时间或场所由学生自我发起、自我组织、自我负责的学习形式。

非正式学习即学生主观能动开展的学习,没有特定的教师、地址及课程内容。非正式学习的知识来源十分广泛,包括身边的家人、朋友或者是互联网、移动终端等。非正式学习在学生实际生活与学习中有着越来越重要的作用。在非正式学习的时间和地点,学生获取新的知识比重较大,因此,非正式学习近些年逐渐受到教育界的重视,成为教育教学研究热点之一。高中学生在非正式的课堂时间或地点,能够通过现代化技术从网络、数字电视、移动客户端等自主获取许多地理新知识,能随时随地查阅所需资料信息,同时能够跨越时空与地理教师进行交流,在做中学、玩中学。因此,现代化技术在非正式学习时间辅助学生开展自主学习具备充分的依据。

（三）现代化技术辅助高中地理教学的应用

全球信息传播路径多元,现代化技术为人们选择学习内容和教育方式提供了多种途径,为高中地理教学提供了多种教和学的方式,对高中地理教学有着积极作用。以下内容对现代化技术辅助高中地理教学的总体优势、应用原则及主要形式进行阐述。

1.现代化技术辅助高中地理教学的优势

（1）地理教学多元开放

信息传递可采用多种方式,教育者都是通过信息的传递来进行教学的,但这种传递方式往往受时间、空间的限制,有一定程度的封闭性。现代化技术让传播手段产生极大的改变,体现出了极大的多元开放性,即信息爆炸的来临。现代化的多元开放在高中地理教学中主要表现在以下两个方面。

第一,地理教学时空多元开放。利用现代化技术,地理教师可构建地理教学资源库,实现地理教学资料即时共享,供其他教师和学生下载观看；也可将地理学习资料发送给特定的班级或者是个人，实现点对面或者点对点的资料共享。

第二，地理自主学习多元开放。每个学生面对的学习信息源是相同的。所有学生都可以借助一定的现代化技术开展自主学习，获取大量对自学有帮助的多元信息。因此，现阶段，积极利用现代化多元开放的优势来传递和承载一定的学习内容具有其不可取代的作用。

（2）地理教学混合多样

现代化技术使教学目标、教学内容、教学方法、教学途径都发生了巨大的变化，各种微信的订阅号、群聊等能加强教师与学生之间的互动。现代化技术使教学内容、教学方法和教学手段有了更多的选择，教学从原本的课堂教授、学历教育发展成多层次、跨时空的终身教育。地理教学混合多样主要体现在以下两方面。

第一，地理教学结构混合多样。伴随现代化技术的飞速发展，教学方式也在共同进步，地理教师和学生都可以采用各种网络设备、媒体达成教学目标。当我们在熟练运用现代化技术辅助教学时，也要肯定传统课堂教学存在的价值，将这两种方式有机结合，促使学生通过多种学习方式获得高效学习效果。

第二，地理教学内容混合多样。现代化的设计能够使文字更有色彩，标题更具冲击力，图片更加生动，内容更具说服力，有利于激发学生的学习动机。当然，网络世界的海量信息是一把双刃剑，这对教师和学生的媒介素养都是极大的挑战，如何在混合多样的信息中挖掘对教学有意义的内容显得尤为重要。

（3）地理教学双向交互

随着现代化技术的逐步发展，人们可以通过众多双向沟通的平台随时随地发布消息，跨越时间和空间接收信息。在交互过程中实现双方的沟通，这也是用户与现代化互动的一种途径。

在现代化技术的支持下，地理教师和学生之间的互动不是封闭、劝导式的，而是交互式的。地理教师和学生之间的交流更加方便快捷，更加人性化。一方面，地理教师可借助现代化技术向学生发送地理信息，传送地理学习资料，了解学生学习进度以及存在的主要问题；另一方面，学生也可通过现代化技术向地理教师提出相关学习问题，与其他同学围绕学习内容进行探讨，交流各自的看法、思路，相互解答问题。简而言之，现代化技术能辅助地理教师和学生进行双向讨论，达成地理教学中的良性互动。

（4）地理教学个性自由

不同的学生对于教学内容的需求是不同的，现代化技术的自由化、多样化为学生提供了个性化平台，最大限度地符合个体的要求。在地理自主学习的实际操作过程中，学生由于受到自身和外界各种因素的影响，其学习效果难以达到期望值，尤其是对个性化需求较多的学生来说更是如此。但学生通过现代化技术可以不受时空和地域的限制，从自己的知识基础、认知特点、学习目的等实际情况出发，自主选择学习方式、学习内容，调整学习进度，时刻与地理教师保持联络。利用不同的现代化资源辅助自主学习，一方面能够配合学生的个体学习要求，为其提供帮助；另一方面能够有效降低学生自主学习难度，提高自主学习效率，帮助其更好地掌握地理知识和地理技能。

2.现代化技术辅助高中地理教学的原则

（1）有效利用原则

有效利用原则即指教师根据课程标准、教学内容，运用一切教学方法或技术手段实现教学目标，达成预期结果。有效利用原则包括以下三点。

第一，地理教师熟练掌握现代化技术及其使用方法。地理教师使用现代化技术辅助地理教学不是盲目的，在此之前应当对所采用的现代化技术的类型、功能、特点、优势等有详细的了解。然后结合地理新课程标准、地理学科特点和学生认知水平，运用恰当的现代化技术辅助教学有效开展。

第二，所选择的辅助教学的现代化技术类型应当具有教学实用性且普及范围广。所用的现代化技术应既能有效地节省时间，又方便操作，可以在实际教学中有效地传达信息，使学生取得具体的进步，从而获得良好的教学效果。

第三，多种现代化技术相结合。教师有时在教学过程中使用某一种现代化技术不能达到满意的效果，但随意使用多种现代化技术也不能高效完成教学任务。因此要结合实际情况，根据教学阶段、教学内容、教学目标等，恰当地结合某几种现代化技术，在课前、课中、课外分别采用不同的现代化技术，充分展示现代化辅助教学的优势和有效性。

（2）主体能动原则

主体能动原则指在教学过程中，教师要发挥主导作用，引导学生积极主动学习，学生在教学活动中始终占据主体地位。主体能动原则包括以下两个方面。

第一,学生是整个地理教学活动的中心,地理教师要借助现代化技术引导学生成为学习的主人。在以往教学中,地理教师是教学的主体,学生只能被动接受,如此慢慢消耗了学生的学习兴趣,磨灭了学生的创新能力。在高中地理教学中,教师利用现代化技术的跨时空交流视听功能,能够随时与学生进行互动,引导学生学习。

第二,现代化技术辅助学生开展地理自主学习。在现代化环境下开展自主学习,地理教师要提前筛选适合的学习资料,对资料进行归纳、整理,可采用课件的形式展示给学生,也可用微信订阅号等方式推送给学生。总之,教师要改变目前的教学意识、教学方式,让学生真正发挥其主观能动性,成为学习的中心。

(3)启发思考原则

启发思考原则即指教学过程充分调动学生的积极性,让学生独立发现、思考问题、解决问题,探索原理和规律,提升其学习的能力。启发思考原则包括以下两个方面。

第一,增强学生地理感性认识。现代化技术能为地理教学提供丰富的学习资源,能够将某些地理原理和地理现象用学生容易理解的方式展现出来,从而强化学生最初的地理感受。

第二,感性认识上升为理性认识。高中地理三维目标体现了理性认识的重要性,学生只有感性认识是明显不足的。因此,地理教师在教学过程中必须要与学生随时交流,给予及时的指导。师生利用恰当的现代化技术手段相互交流,能启发学生主动分析、归纳、概括地理问题,建构自己的知识体系;能使学生学会举一反三,进一步深化、巩固学习内容;能培养学生的创造意识,激发其创造动机,使学生养成自觉创造的习惯。

（4）因材施教原则

因材施教原则即指结合具体的教学内容、教学目标、学生个体情况，选择合适的教学方法和手段，促进学生全面发展。因材施教原则包括以下两方面内容。

一方面，结合教学内容因材施教。地理学科具有综合性、开放性、区域性的特点，它不仅包括自然地理、人文地理等系统知识，还包括全球区域地理，同时涵盖了气象气候、地球概论、地图学等方面的内容。针对不同的地理知识，教师和学生可以采用不同的现代化手段辅助教学。例如，自然地理这部分知识对高中学生来说有很多概念比较抽象，理解难度较大，对于这些内容就可充分借助现代化技术，通过展示图片、动画等来辅助学生学习、理解。

另一方面，结合学生实际因材施教。地理教师应从学生个体情况出发，为学生提供相应难度的学习资料，布置不同难度的任务，尊重学生的意见和看法。地理教师利用现代化技术辅助学生自主学习时，要对教学内容进行分类处理，对不同的知识点采用不同的呈现方式，尽可能符合高中学生的心理需要。在自主学习资料的制作过程中，教师应当充分利用动画、音频、视频，直观、生动、形象地展现给学生，丰富教学内容，突破教学重难点；同时在学生的自主学习过程中，应利用现代化技术进行沟通，合理引导学生进行自主学习。

3.现代化技术辅助高中地理教学的形式

相比于传统地理课堂对多媒体的使用，目前微课件、微信、云盘等已经逐步投入高中地理教学的应用中，地理教师可根据教学内容有针对性地选取现代化手段辅助教学。以下对几种现代化形式做出简单介绍。

（1）微课件

微课件即微型课件，是在各种现代化平台上供学生进行微学习的一种课件。微课件能够让学生随时随地在短时间内快速、便捷地开展自主学习，一方面能发挥学生的主观能动性，促使其积极主动学习；另一方面，微学习的形式已经在人们的学习和生活中占据重要地位，利用微课件来辅助高中地理教学也是现代化时代教学与教研能力提升的一种有效方式。

地理微课件与普通的地理课件相同，能够以丰富多彩的多媒体手段展示地理知识。两者的区别在于地理微课件的教学内容主要是相对独立、短小精悍的知识点，其内容针对性强、学习时间短、资源容量小。因此，地理微课件在辅助地理教学中能有效避免缺乏知识针对性、内容冗长、缺少互动等普通课件的缺点，发挥其独特的优势。

（2）微信

微信是一款通过网络快速发送文字、图片、视频、语音短信，支持多人群聊并拥有零资费、跨平台、更新快、即时回复等特点的网络通信软件。微信技术不断完善，其整合 QQ、飞信等通信软件的功能，同时通信成本低、沟通方式灵活、推送信息有效性强等特点迎合了学生的心理需要和实际需求。微信公众平台、群聊等功能可以为高中地理教学提供多样化的平台，具有不可替代的优势，利用微信这种现代化技术辅助高中地理教学值得教育者认真探索。

（3）云盘

云盘是互联网存储工具，它通过互联网为用户提供信息的储存、读取、下载、删除等服务，具有安全稳定、海量存储等特点。360

云盘、百度云盘、金山快盘、够快网盘、微云是当前比较热门的云端存储服务。云盘相对于普通移动存储设备而言，不需要随身携带，并且具备文档发送、资料存储、安全共享等更多功能。高中地理内容丰富，知识点较多，云盘能储存这些地理学习资料，还能共享学习资源，不仅满足学生的需要，也方便地理教师的办公和教学。

除了上述介绍的现代化技术，诸如微博、电子期刊、数字广播及各种教学 APP 都是能为高中地理教学服务的现代化技术。

二、现代化技术辅助地理自主学习的优势

（一）微课件辅助地理自主学习的优势

1.突出地理学习重点内容

地理微课件针对性极强，一般要求幻灯片在 10 张以内，音频、视频不超过 3 分钟。它可以是一段概括性的文字、一段动画、一组图片，也可以是一段剪辑的音频或视频，其设计主题必须紧紧围绕某个知识点。相对于传统的地理课件，地理微课件表达的内容少，所花费的时间也短。为了更好地展现地理教学内容，微课件的设计会更加精简，针对学习中的某一重点、难点等。比如，关于"热力环流"这一重点及难点内容，地理教师围绕该知识点制作微课件时，在简化部分内容的基础上，应该突出学习主题，强调学习核心内容，让学生在地理自主学习过程中抓住重点，有针对性地完成学习目标。

2.提高地理自主学习效率

地理微课件以学生为主体展开设计，制作相关的学习活动、思考和作业，所展现的都是微小化、详细化的知识点，形式也多种多样，通常为 3~5 分钟，方便学生在等公交、坐地铁的过程中高效、快

捷地进行移动学习、非正式学习。地理微课件利用灵活性特点,改变了传统的自主学习模式,学生既可以通过课程网站学习,又能够以移动客户端为载体,根据自己的学习进度选择学习内容。学生不仅可以利用地理微课件进行课前预习,课中有选择性地学习,而且能够在课外对不易掌握的知识点内容进行反复学习,从而加深理解,自行总结。

3.激发学生地理学习动机

一方面,地理微课件根据学生的心理需要和年龄特征创设恰当的教学情境,能牢牢吸引学生注意力,激发其学习动机,维持教学活动;另一方面,地理微课件的交互性能够给予学生及时反馈,在学生遇到困难时清晰地指出其错误并提供帮助。这样的设计能不断刺激学生的学习动机,有利于提高学习热情。

(二)微信辅助高中地理师生沟通的优势

1.即时推送地理信息

微信公众平台是微信的一个部分,注册账号后每天可向订阅用户发送图文、音频、视频等信息,也可智能回复,实现即时通信。微信公众平台的消息推送功能可以帮助地理教师将收集的地理实事转化为焦点案例,即时发布给学生,也可配合教学内容推送相关的课外地理知识。同时,地理教师可以利用微信公众平台的关键词回复功能,将高中地理必修内容进行整理归纳,按照不同的知识点设置关键词,学生依据自己的需要发送关键词即可获取相关知识点的具体内容。

2.加强师生互动沟通

微信群为多人交流提供平台,建群后可以邀请对方到该群对话。微信群不仅可以发送文字,也可以语音交流,还可以共享图片、视频、网址等。在这一平台上,地理教师能把想法更好地传达给学生,学生相互之间也能开展讨论,激发灵感。

访谈调研发现,现阶段师生沟通仍然重在地理课堂,但地理课堂的时间有限,学生数量又多,两者交流明显不足,急需解决方法。微信群聊能打破时间和空间的局限,为地理教师和学生随时随地进行讨论提供平台,同时能够克服学生面对面与教师交流所产生的尴尬心理。因此,高中地理教学课外延伸可将微信群作为地理教师和学生之间的纽带,增加他们的互动。

(三)云盘辅助高中地理资源共享的优势

1.共享地理教学资料

云盘提供数据储存、安全共享的功能。一方面,从地理教师角度来说,云盘能够为地理教师提供集体备课,分享教学经验和一些相关文档资料的平台。地理教研组只需要创建对应知识点的文件夹,地理教师即可上传学案、教案、课件、音频、视频,供大家随时随地下载,不必担心丢失等问题。另一方面,就学生而言,地理教师可为对应班级创建云盘账户,将该学年地理学习内容分章节或知识点建立文件夹,再把相关地理资料上传到云盘中,供学生课后下载学习。同时,可让学生上传收集的学习资料,交流各自的学习感受。简而言之,云盘不仅有利于地理课程资源的共享,逐步提高地理教师教学水平,方便地理教师办公、教学,还能够培养学生自主协作的能力,为地理教师和学生提供一种新的交流渠道。

2.完善地理教学评价

地理教学评价是依据地理三维目标和教学原则,采用各种方式方法对地理教学中的师生、教学过程及教学成果开展检测的过程。地理教学评价对改进地理教学方式、提高地理教学质量、促进学生全面发展有重要作用。云盘存储容量大,地理教师能够分班级为每位学生创建对应文件夹,建立学生自己的地理学习档案袋。上传内容由地理教师和学生共同收集,主要储存学生在某一学年或某一学期的地理学习过程和学习成果,如地理作业情况、测验结果、考试成绩、各种奖励、实验报告、活动照片。通过学习档案袋的建立,学生能够见证自己的地理学习进程,进行自我总结、自我反省,地理教师查看、批改作业也更方便。借助云盘建立学生地理学习档案袋不仅为地理教学提供便利,也使地理教学评价逐步完善。

三、应用现代化技术对于学生的影响

(一)积极影响

多媒体辅助地理教学作为一种崭新的教育技术、教学手段,正广泛地走进各级学校。地理是一门区域性、综合性极强的学科,在时间和空间上跨度大、延时长,内涵具有跨学科特征。在教学过程中,一些抽象难懂的地理概念、地理规律,单纯采用口头讲授或简单的板书、幻灯等教学媒体,较难达到理想的教学效果。多媒体教学能打破时间和空间的限制,延伸和拓宽教学时空,通过图像、声音、色彩和动画传递教学信息,解决了由于时间和空间的限制所造成的教学难点,使学习内容变得容易被理解和掌握。

地理教学难点多在自然地理部分,许多自然地理规律和现象远离学生生活实际环境,学生理解起来很吃力,导致理解片面、容易遗忘。这些内容通过多媒体课件以视频、图像、动画等形式演示

出来后，复杂的地理知识就成了形象具体、生动有趣的东西，能够激发学生兴趣，提高学习效率。例如，教授地球公转与自转时，教师在课堂上用手势比划，然后寄希望于学生发挥想象力，这样往往有许多学生到了学期末还没有弄明白。利用多媒体教学，我们就可以动态形象将其表示出来。教师演示课件的同时，引导学生通过观察、分析，领悟事物的发展变化，使学生茅塞顿开，明白事理。

与传统教学相比，多媒体辅助教学容易刺激学生的视听器官，激发学生的学习兴趣，使课堂教学比较活跃，也符合学生认识规律，节省时间，增大课容量；能保持教师主导作用和引领作用，使学生能在教师的引导下逐步学习，理解知识，较好地解决难点，并掌握一定分析问题、解决问题的思维模式和学习方法；能使教师形成一定的教学模式和教学风格。

多媒体辅助教学能极大地调动学生学习的积极性和主动性，使一些本来不太愿意学习地理的同学也参与到学习之中，拓宽了学生的知识面，培养了学生分析问题、处理信息、归纳和解决问题的能力；在教学过程中有助于师生交流、生生交流、人机交流，培养学生探究精神和掌握信息技术的各种基本技能，也不断提高学生自学能力、合作能力、参与能力等综合能力，同时有利于学生个性化的发展和师生之间的情感培养。

多媒体辅助地理教学还可有效地解决教学内容繁多和课时严重不足的矛盾。例如，新版高中地理教材涉及许多初中地理知识，而由于种种原因，大多学生对初中地理知识掌握得极少，无疑给高中地理教学带来极大的压力，绝大多数教师没办法在一节课内完成教学大纲上所规定的教学任务，更不要说把每一个知识点都讲透。借助多媒体辅助教学,教师语言描述的时间大幅减少,通过短时间的多媒体演示,可给学生身临其境的感觉,加深学生的理解;对于很难讲清的概念,教师借助多媒体演示就可轻松解决;同时还可以拓宽学生的知识面。

(二)消极影响

多媒体课件有不可替代的优越性,但是也存在着一定的问题。一些学生调动了感官知觉,却忽视了思维过程,而且部分同学缺乏立体感和空间想象力,对于演示的动画只是看着新鲜,却难以深入理解,教学效果不尽如人意。

计算机多媒体技术集图、文、声、画于一体,彩色的背景、立体的文字、美妙的音乐、二维及三维的动画、实景录像等,应有尽有,看得学生眼花缭乱,结果学生可能被太多无关的信息所干扰而影响了注意力。一节课下来,学生只觉得眼前一大堆五颜六色的景象,对真正的重点反而印象不深。而且这种模式的局限性是使学生总是跟着教师设定好的程序逐步进行,在一定程度上限制了学生的主动性,禁锢了学生的思维,使学生缺乏科学探究的精神,突出教师的主导作用而忽略学生主体作用的充分发挥。

计算机多媒体技术辅助地理课堂教学是个新生事物,有着很强的生命力和发展前景,但是作为新生事物也难免有它的局限性。因此,要对计算机多媒体技术在地理课堂教学中的应用进行准确的定位。只有正确认识到计算机多媒体技术是一种教学辅助工具,它发展的最终目标像其他媒体一样也是为了提高课堂教学效果,才能充分合理地利用它来为教学服务,从而使其发挥最佳的教学效果。在传授知识的同时,要注重学生能力的培养,只有能力提高了,学生才能更好地去分析问题、解决问题,从而更好地掌握知识。

四、现代化技术辅助高中地理教学的问题及对策

(一)现代化技术辅助高中地理教学的问题

1.忽视现代化技术辅助教学的重要性

地理教师和学生在日常生活中对各种现代化技术的使用较为频繁,并且现代化技术在辅助学生地理自主学习、师生沟通和地理资源共享等方面有着明显优势,能弥补传统地理课堂教学的不足之处,但高中地理课内外教学过程对现代化技术的利用依然浅尝辄止。一方面,学校、教师、家长对利用现代化技术辅助地理教学存在偏见,认为学生容易受其他网络信息的吸引,不能高效率完成学习任务;另一方面,现代化技术辅助高中地理教学没有形成具体的模式,在真正的地理教学过程中还没有得到强大的支持。

在新课程改革背景下,将现代化技术运用于高中地理教学是必然趋势,要不断提升学生的地理信息思维能力,促使学生积极参与到教学活动中,让学生能学、想学、会学、坚持学。地理教师利用现代化技术有效地展示教学内容,让学生从感性认识逐渐升华为理性认识,从而成为学生发展的促进者。因此,合理地利用现代化技术辅助高中地理教学对学生而言有不可替代的重要性,我们必须明确现代化技术在高中地理教学中的重要作用。

2.现代化教学资源利用率较低

现代化技术能提供多元的地理教学资源,也能运用多种方式展现教学内容,为师生交流互动提供平台,但实际上这些现代化教学资源的利用率比较低。例如,教师使用的地理课件往往直接从网络

上下载,仅仅针对某一个知识点,多为零散使用,没有将这些教学资源进行收集整理,没有建立完整的地理学习资源库。如此既不方便地理教师办公,又不利于学生自主查找,开展个体学习。目前,地理教师和学生的沟通场所仍然以地理课堂为主,课外交流较少,搭建现代化师生沟通平台还需要大胆尝试。总之,目前的地理教学还没有充分利用现代化资源,仍需要不断探索。

3.师生媒介素养仍然有待提高

在现代化背景下,地理教师和学生的媒介素养对现代化技术能否有效帮助地理教学有至关重要的影响。从地理教师角度来说,现代化技术为他们提供了便捷丰富的教学手段、教学资源,但其自身的信息技术能力较弱,大多直接参考他人作品,原创作品较少,不能把自己独特的教学视角呈现给学生。因此,地理教师掌握好现代化技术、高效利用现代化技术的能力还有待提高。从学生角度来说,网络世界个性张扬,文化多元,高中阶段的学生心智未完全成熟且自律性较差,对于媒介现象的认识较肤浅,对媒介知识的学习尚处于自发阶段,缺乏积极和主动的探索型学习,经常受网络其他信息的干扰,不能判断其正误。学生比较容易偏离利用现代化技术辅助地理自主学习的主题,思想上易产生偏差,这对学生的成长和学习是极大的威胁。因此,推行媒介素养教育显得尤为重要,应提高学生媒介水平,使学生能够正确使用现代化技术进行学习,用批判的眼光看待网络世界,保持其独立性。

(二)现代化技术辅助高中地理教学的对策

1.正确认识各种现代化技术特性

不同的现代化技术具有不同的优势,现代化技术作为辅助地理教学活动开展的手段,其宗旨依然是达成教学目标、完成教学任务。因此,地理教师在使用现代化技术之前要明确它的特点和作用。针对某一教学知识点,地理教师不仅要备教材,还要备教学方法和手段。哪种现代化手段更能有效展示知识点、更能高效完成教学内容、学生更易接受,地理教师就要采用哪种手段,将恰当的现代化技术与教学内容相结合。例如,地理微课件适合学生自主学习,微信方便地理教师和学生交流,云盘有助于地理资源的共享。

2.提高现代化资源的利用率

高中地理教学中可利用的现代化资源众多,教师既要依据教学内容选择适合的现代化技术,又要能吸引学生的注意力,激发其学习兴趣,符合其认知规律。现代化背景下的教学由教师、学生、教材、媒体四个因素构成,改变了以往教学模式。现代化技术能创设出一定教学情境,其音频、视频、虚拟实境等将枯燥抽象的地理文字生动化,加深学生的感性认识,启发学生灵感。学生可随时随地利用现代化技术开展微学习,将地理课堂延伸至课外校外,全方位、多角度、跨时空开展自主探究学习,培养自主学习能力,拓宽思维广度,提高学习灵活性。合理的现代化技术能够有效呈现教学内容,优化教学效果。因此,在将现代化技术应用于高中地理教学的过程中,教师必须把握好尺度,努力避免滥用现象的发生,避免浪费现代化资源,真正合理高效地利用现代化资源才能产生积极作用。

3.加强师生的媒介素养教育

现代化技术的开放、混合、自由在一定程度上使得文化传递多元化,一方面满足了地理教学对资源的需求,但另一方面,海量信息容易使地理教师和学生迷失方向。

现代化时代对地理教师的要求不断提高，其不仅要具备扎实的专业知识、专业能力，良好的职业素养，还要适应现代化时代各种新技术、新手段的冲击。在地理教学过程中，教师应努力提升自己的信息技术水平，充分借助现代化技术手段，将"灌输信息"式教育转变成"引导选择"式教育；要善于运用现代化手段，开展课内外教学活动，增进与学生之间的交流，帮助学生，引导学生。

高中生自制力较差，他们在利用现代化技术辅助地理自主学习时容易抛开学习本身，将注意力转移至其他网络信息，中断地理学习过程。因此，在将现代化技术应用于高中地理教学的过程中，学校要将媒介素养教育纳入日常教学活动，地理教师要引导学生认识媒介素养的现实意义。学生通过理论学习、实践活动，提升自我批判能力。

随着信息技术、媒介手段的不断发展，现代化技术逐步融入了高中学生的学习、生活和人际交往等方面。现代化技术不仅为学生提供了多元化的学习环境，还能自由切换单独学习、合作学习、互动学习等情境，让学生自己动手搜集资料，主动思考、解决地理问题，在知识和技能方面都得到锻炼。学生借助现代化技术开展自主学习，与教师沟通、共享资源等，能提升其地理学习综合能力。由此可见，现代化技术在辅助高中地理教学中具有重要的研究价值。

第二章

微　课

第一节　微课教学

一、微课教学的概念

微课是由 microlesson 或 microlecture 翻译而来的。其概念的界定,从传入我国后一直存在争议,有些学者将其翻译为微课,有些学者将其译为微课程。不同的人对微课与微课程有着不同的理解,或区别或等同。网上搜索微课与微课程会得到两种不同的解释,首先微课是指教师在课堂内外教育教学过程中,围绕某个知识点(重点、难点、疑点)或技能等单一教学任务进行教学的一种教学方式,具有目标明确、针对性强和教学时间短的特点。微课的概念是"微课是以视频为载体,针对某个教学内容或环节而开展教学活动的教学资源。"而关于微课程,网络上的释义是这样的:"微课程(Microlecture)这个术语并不是指为微型教学而开发的微内容,而是运用建构主义方法化成的、以在线学习或移动学习为目的的实际教学内容。微课程具有完整的教学设计环节,包含课程设计、开发、实施、评价等环节。"上海师范大学教育技术系教授黎加厚提出:"微课程是指时间在10分钟以内,有明确的教学目标,内容短小,集中说明一个问题的小课程。"胡铁生对微课又做了进一步的界定,认为微课就是微课程。同年,黎加厚教授在《微课的含义与发展》一文中,同时用到了微课和微课程两个名词,也认为微课就是微课程。

在传统的教学视频中,一个视频一般为一节课的内容,内容全面但繁复,重点不够突出。或者也有学生小班补课,虽然人数大大缩小,但教师仍然无法全面顾及。而微课视频则讲求精细,以教学中的一个知识点(如重点、难点、疑点、热点或习题)为教学内容,录制成短视频,以便学生根据自身的不足在课下查漏补缺。

传统的教学视频一般一节课为45分钟左右,时间较长,需要学生特意空出时间才能看完,如果需要巩固学习的内容较多,则花费的时间更多。相比传统教学视频,微课视频时间则根据教学内容的复杂程度弹性变化,最短1~2分钟,最长则不超过20分钟,普遍控制在5~15分钟。这样学生可以利用零碎的时间弥补课上知识的不足,既巩固了知识内容,又节省了学习时间,极大地提高了学习效率。

一般一个45分钟左右的视频大小为几百MB或1GB~2GB不等。由于微课视频时间短,所以视频容量一般在几十MB左右,不论是在线看还是下载都非常快速便利,保存在电脑、手机、iPad或其他终端设备中所需内存都不大。

微课教学内容少但并不意味着讲解不详细,恰恰相反,其教学内容讲解得更为细致。由于微课视频知识点针对性较强，所以学生不仅可以自主选择学习内容，学习时间也可以自由调控。学生可以利用课下零碎的时间，自主地、及时地查漏补缺，哪里不会看哪里，避免了不好意思请教教师或同学的尴尬，并且视频可以长久保留，以便日后重复巩固，多次使用。

按照微课开发的现状，可以大致将微课按照呈现方式进行分类。按照呈现方式分类，可分为以下三种：一是录屏型，主要是采用PowerPoint软件或者专业的录屏软件，如Camtasia Studio，进行编辑制作，由文字、图片、音乐及教学讲解配音构成，制作完成后转化成视频。这种微课类型也是目前为止各微课网站比较常见的微课形式。学生观看时可以图形结合，形象生动。二是影视拍摄型，主要是利用摄像设备对教师的教学场景进行现场录制，有模拟课堂的感觉。但是笔者认为，单纯录制上课的情景，难免会让学生课下观看时感觉到疲倦。另外，录制时需要学生配合，比较浪费时间。在这种影视拍摄类微课中，培训机构的英语教学视频比较典型，其以名师为单位，将各自所擅长的写作、阅读、单词等课程分解成多个小视频，一般时长为1~10分钟，各个击破。三是书写型，是一种利用手写板等软件进行编辑录制的形式，录制画面只有讲解内容和讲解配音，教师本人不出现在视频里，学生在观看时注意力比较集中，大大减少了分散思维的干扰因素。

微课在短期内得到了教师的认同，并广泛应用于日常教学实践，有其特定的技术背景和时代背景。近年来，随着移动技术、视频压缩与传输技术、移动终端、网络带宽、网络速度等技术的进步和应用的快速普及，以视频为信息传输媒体的微课常态化应用在技术上成为可能。同时,在提倡以"学生为中心"教育理念的时代背景下,移动学习、泛在学习、碎片化学习、翻转课堂等融合互联网精神的学习理念思潮为微课的广泛传播提供了教育应用的土壤。可以说,微课是信息技术发展与教育变革时代相结合的产物,也是技术与教学应用融合的高级阶段。尽管目前较多的学校开始批量建设微课,并应用到日常教学实践中,但对微课的概念界定、构成要素和应用模式都存在不同的认识,在一定程度上影响其作用的发挥。

关于微课的概念,在当前的教学实践或相关文献中,不同的人根据不同的视角或者不同的应用场合,常与微课程、微视频等概念混用,容易让人误以为三者之间可以画上等号。个人或集体所持的微课概念,往往会很大程度上影响着微课的设计及其实践应用的形态,因此,有必要深入探讨微课概念及其内涵。在这三个概念当中,微视频与微课、微课程的区别是显而易见的,前者属于技术概念范畴,本身与教学没有直接关系,同后两者显然不是一个维度的概念。而要理清微课与微课程的区别和关系,需要先梳理一下课与课程的概念。

(一)课与课程

在教育领域中,课程是含义最复杂、歧义最多的概念之一。在课程研究领域,有诸多学者对课程的定义进行了梳理与归类。例如,张华教授将多种多样的课程定义大致归为三类:课程作为学科,课程作为目标或计划,课程作为学习者的经验或体验。施良方教授则将课程定义归为六种类型:课程即教学科目,课程即有计划的教学活动,课程即预期的学习结果,课程即学习经验,课程即社会文化的再生产,课程即社会改造。对课程概念的不同表述,事实上反映了人们对课程问题的认识不断拓展和深入的发展过程。课程概念在内涵上可以归结为从"课"到"程"再到"教师之教""学生之学""社会目的与意义"的范围不断拓展的序列。尽管课程的定义纷繁复杂，但无非是"在学校里教什么、何时教与学、如何教与学"的问题。为更直观地理解课程的内涵，有学者将课程划分为四个子项：课程计划（国家课程计划、地方课程计划、学校课程计划），课程目标或标准（总体课程标准、各科课程标准、单元标准、课时标准），教材（教科书、教学参考书、学程），课程资源（教具、练习册、讲义、视听材料等）。

与课程的概念相比，课的概念相对明确，一般认为课是有时间限制的、有组织的教学过程的单位，其作用在于达到一个完整的然而又是局部性的教学目的。它属于"教学论"的范畴，我们常说的"上课"就是指一种有组织的课堂教学活动。关于课程与教学之间关系的问题，可以用美国学者塞勒等提出的三个隐喻来思考和考察这个问题的实质：课程是一幢建筑的设计图纸，教学则是具体的施工；课程是一场球赛的方案，教学则是球赛进行的过程；课程可以被认为是一个乐谱，教学则是对作品的演奏。课程是学校教育的实体或内容，教学则是学校教育的过程和手段，两者是有本质区别的。教学过程的本质之一是教师与学生以课堂为主渠道的交往过程，是教师的"教"与学生的"学"的统一，其实质是交往。由此可见，"课"与"课程"是两个不同范畴的概念，前者属于教学论的范畴，后者则属于课程论的范畴，不能混为一谈。

（二）微课的概念与内涵

对于微课的概念，不同学者从不同角度出发会有不同的理解，从定义的字面意义来看，可以归为三类：对应"课"的概念，突出微课是一种短小的"教学活动";对应"课程"的概念,有课程计划(微教案),有课程目标,有课程内容(学科知识点),有课程资源(微课、微练习、微课件);对应"教学资源"的概念,如在线教学视频、数字化学习资源包。尽管定义的表述有差异,但内涵是有共同点的,即"目标单一、内容短小、时间很短、结构良好、以微视频为载体"。目前在中小学实践或各类微课大赛中所出现的微课也都基本符合这些特征,从媒体形式上来看,其就是一段与教学相关的视频。这些视频格式的微课在没有学生使用的情况下,是缺乏学习主体的,自然就不会产生"教师与学生的交往过程",也就不能简单地称之为微课。

根据上述的分析,笔者认为,微课本质上是一种支持教师"教"和学生"学"的新型课程资源。微课与其相匹配的微目标、微教案、微讲义、微练习等课程要素共同构成微课程,它属于课程论的范畴;当学习者通过微课开展学习时,学习者就以微课为介质与教师之间产生间接交互,通过在线讨论、面对面辅导等不同形式进行直接交互,从而产生有意义的教学活动,它属于教学论的范畴。

(三)微课构成要素剖析

课程资源是课程目标实现及课程实施的基础和保障,它是教育资源的重要组成部分。其中教育资源包括数字化的教育资源,教育部信息化技术标准委员会发布的《CELTS-41教育资源建设技术规范》将其分为媒体素材、试题、试卷、课件、案例、文献资料、网络课程、常见问题解答、资源目录索引等九大类型。微课作为一种新型的数字化教育资源,与定义的媒体素材、课件、网络课程等资源类型具有不同的特征。

不同的研究者从不同的视角出发，对微课的构成要素也有不同的认识。胡铁生从微课的教学活动全过程、资源的应用生态环境和资源组成的生长发展性视角出发，提出微型教学视频片段、微教案、微课件、微练习、微反思、微点评、微反馈等七个微课资源构成要素。刘名卓教授从微课的"课程"属性视角出发，认为微课程需要具备必要的课程要素包括教学目标、教学内容、教学活动（学习活动）、教学资源（学习资源）、教学评价（学习评价），以及内置必要的学习支持（如提供学习笔记、批注等学习工具）。新加坡教育科学研究所开展了一项名为"MicroLESSONS"的研究项目，研究在一节课内完成特定教学目标的基于信息技术的教学构成要素，指出微课可能包含教学活动、模拟、游戏、问题解决活动、母语材料、教师演示材料等内容，并提出构成微课的五大要素：目标、内容、活动、工具和模板。总体来看，上述几种观点都比较倾向于从"课程"或"课"的属性出发来探讨微课的构成要素。然而，微课作为一种数字化教育资源，从其"教育资源"属性出发，一个典型的微课需要包含以下构成要素：目标、内容、教的活动、交互、多媒体。

1.目标

目标是指教师预期在微课的适用教学阶段和期望教学应用中所要达成的结果。它包含两方面的含义：一是应用目的，即为什么要设计开发微课，这与微课应用的教学阶段（课前、课中、课后）有关，如为学生的课后练习提供个别化的指导而设计制作某练习详解的微课；二是应用效果，即教师期望学生使用微课所要解决的具体问题，如引发学生的思考、掌握某道题目的解题方法。微课的目标一般具有单一、具体、明确的特征，对微课的内容选择和应用形式起到导向作用。

2.内容

内容是指服务于微课预期目标达成的，与特定学科相关的有意传递的素材及信息。它是教师实现微课预期目标的信息载体。微课内容是教师依据微课目标，根据学生学习情况、准备应用的教学阶段等教学实际，有针对性地对特定学科教学内容进行综合加工而成的。微课内容的不同会直接影响教师对教的活动的设计。由于微课的时间很短，在内容上具有主题明确、相对独立的特征，教师需要对内容进行精心选取、删减、改编和设计。

3.教的活动

活动是主体与环境的相互作用过程，其中环境包括客体、其他主体及主体本身。这里说的教的活动是指教师作为活动的主体与特定微课内容的客体之间的相互作用过程，通过这种相互作用向学习微课的学生有效传递教学信息，以帮助学生对内容进行思考、理解与意义建构。教的活动是实现微课目标的方法。从教的方法来看，教的活动可以分为教师讲授、教师演示、教师操作、教师与其他活动主体的言语对话等活动类型。

4.交互与多媒体

教师需要借助特定的工具来完成微课中相应的教的活动，以促进学生与微课之间形成有助于学生对内容产生正确意义建构的相互交流与相互作用。在微课中，这种工具主要包括两类：一是交互工具，当学生在学习微课时，它能促进学生与微课之间更有效地进行信息交互和操作交互；二是信息呈现工具——多媒体，它能更好地帮助教师表达、解释教学内容，提高学生在学习微课时与学习资源进行信息交互的有效性,如微课中呈现的课件、图形图像、动画、视频等多媒体资源。

微课的五大构成要素是相互联系、相互影响的,教师通过对这五大要素精心设计,组织构成一个具有一定结构化程度的数字化课程资源。

(四)微课教学应用分析

国外主要将微课应用于翻转课堂、电子书包、混合学习等教育改革项目中,可以更好地满足学生个性化学习的需要,如可汗学院和 TED-Ed 提供的大量微课,其教学应用形式基本上是"学习者自主观看微课,完成在线练习,提问或参与主题讨论"。在这里,微课扮演了传统课堂中的教师角色,而教师则成为背后回答学习者提问的答疑者以及组织学习者开展主题讨论的引导者。在国内,尽管各级各类学校都在要求教师积极推进微课的设计与制作,但其教学应用现状并不理想。胡铁生在一项面向全国首届中小学微课大赛参赛教师的调查中发现,只有 17.5%的教师会经常下载他人的微课,仅有 16%的教师在自己课堂教学中主动应用微课。这可能与教师在微课设计与制作中存在的一些问题有关,如"微课的教学对象不清,不知道给谁用""教学主题不准,题大内容小""对微课的理解产生偏差,有的是说课,有的是示范课,都不是为学生自主学习而设计的"。由此可见,微课的设计开发是一个问题,而把它应用于教学实践则是另一个问题,两者是两个独立的过程,但又彼此联系。微课的应用形态影响并决定了教师对微课五要素的设计与开发。

1.微课教学应用的维度分析

微课在中小学教学实践中的应用形式很多,对其进行梳理、分析与归类,将有助于提高教师在设计开发微课时的针对性。下面从微课应用的教学阶段、组织形式、教学目标等三个维度来梳理、分析微课的教学应用。

微课的教学应用目标主要分为三个层面:一是学习新知,教师就某个知识点进行有针对性的讲解,或者在学习新内容前通过微课的方式帮助学生进行预习导学。前者是为学生掌握新知识点提供个性化的教学支持,后者是为了学生在预习新的教学内容时更好地引发思考和产生问题;二是难点处理,教师根据教学经验,针对学生会重复出现的典型错误、问题,某些有一定难度的前导知识点,或者需要教师重复示范或演示的过程性内容(如小学数学上的量角器使用示例),以及某些学生难以理解的内容,创新问题情境;三是巩固拓展,学生的学习程度是有差异的,对于一些学习程度较好的学生可以提供以拓展为目的的微课,而对于学习程度稍差的学生则通过对难题的分析讲解,对作业或试卷部分题目的分析讲评,及时解决学习困难。受实际教学环境的影响,不同的教学应用目标在很大程度上受到不同教学阶段的影响。一般来说,课前以学习新知为主,课中以解决问题为主,而课后则以巩固拓展为主。

当然,在不同的教学阶段,根据不同的教学应用目标,应用微课的教学组织形式也是不同的,主要包括以下三种形式:一是独立学习。就是学生根据自己的学习需要,自定步调,一次或多次独立学习微课,然后完成教师预设的任务或解决遇到的疑惑。课前、课中和课后均普遍采用这种形式,这也是微课教学应用中最为主要的教学组织形式。二是协作学习。这种应用组织方式主要用于课堂教学中的小组合作学习,为小组讨论、探究创设问题情境。三是集体学习。由于受课堂教学环境的限制,教师很难在课堂上完成的教学内容或者需要课堂上重复演示、讲解的内容,可以以这种形式来替代教师的现场讲授或演示。微课在中小学的教学应用中,无论课前、课中和课后,其主要作用都在于更好地促进学生的个别化学习。

2.微课的结构化程度及其相关因素

微课是一种新型的课程资源,一般都具有良好的内在结构,在微课中,教师根据特定的教学应用目标,选择合适的教学内容,进行精心的教学设计。但是,不同的微课内在的结构化程度是有差异的,这与特定微课的应用类型、应用的组织形式和不同的教学阶段有关。微课的结构化程度越高,越适合学生的个别化学习,反之则适合于在教师指导下的协作学习或集体学习。从学生学习微课的时间安排来看,用于课前和课后学习的微课,由于没有教师及时指导和同学的讨论,其结构化程度的要求会更高;而应用于课中的微课,其主要作用在于引发学生的思考和启发,对其完整性和结构化程度要求相对不高,在遇到问题或困难时,教师可以进行及时的指导。

3.微课的教学应用模式

就目前教学实践来看,微课的教学应用模式主要有三种:一是翻转教学应用模式。根据教学的需要,微课可以安排在课前,也可以安排在课内, 这种应用模式的重要特点是学生学习微课发生在教师讲授或组织问题探究前,即"先学后教"。在学生学习微课后,安排适当的预设任务,以获取对微课内容的掌握程度,为教师的后续教学决策提供反馈信息。二是课内差异化教学应用模式。在课堂教学过程中,教师在完成某个模块或知识点讲授后,往往会要求学生完成相应的课堂任务(如数学的变式练习),以检测学生学习的成效或拓展教学内容。但由于学生学习程度的差异性,部分学生无法顺利完成课堂任务,这部分学生就可以通过学习教师事先准备好的微课,及时回顾相关知识或概念,完成课堂任务。三是课外辅导答疑应用模式。学生在课后的练习中,经常会遇到某些题目不会做的情况。针对这些题目,教师根据以往的教学经验,将其解题分析录制成微课,以供学习有困难的学生自主学习。总体来看,微课的教学应用有两大特点:一是微课的学习一般适合学生的独立学习,无论课内还是课外;二是微课的学习一般适合安排在课前和课后,课中由于受时间限制,一般较少安排。

对微课与微课程的概念理解、构成要素分析及其教学应用模式的探讨,不同学者从不同视角出发,会有不同的理解和认识。从微课的信息载体——微视频的视角出发,微课是一种新型的课程资源;从其"教育资源"属性出发,一个典型微课是由目标、内容、教的活动、交互、多媒体等五大要素构成的。目前,微课被越来越多的教师应用到中小学教学实践中,在课前、课中和课后的不同教学阶段,其应用目标是有差异的,教学组织形式也不同,对其设计的结构化程度也有不同的要求。一般情况下,课前和课后以学生独立学习为主,为了便于自主学习,要求微课有比较高的结构程度;课中可以通过同学讨论、教师指导等方式帮助学生解决在微课学习过程中遇到的问题,对微课的结构化程度要求相对比较低。总体来看,微课主要用于学生的个性化学习,帮助教师借助信息技术和网络技术的手段更好地实现差异化教学。当然,微课的教学应用模式并不局限于支持翻转课堂教学、课内差异化教学和课外辅导答疑，需要教师和研究者在教学实践过程中不断地探索和总结归纳，以寻求适合教师、学生自己的教学实际的应用模式。

二、微课教学对于教学的影响

（一）新课程背景下微课在中学教学过程中存在的问题

1.存在过分看重设施条件建设而忽视学生微课能力培养的倾向

在当前一些教育评价体系的设计中，由于政府主管部门的主导，评价相关组织者既是组织中的裁判员，又是组织中的运动员。这一身份导致评价过程中评估结果造假现象层出不穷。在评价内容的设定上，评估组织者在评估过程中可能更容易看到的是中学的基础设施、科研设备、教学条件等外在的条件建设，而对中学在教育教学条件上的软实力没有充分的考量和评价，某种程度上存在过分看重定量评价而忽视定性评价的倾向，这也造成评估导向的日趋物质化。

2.存在一定程度上对中学微课教学中创新能力的无目标化

目前，大多中学缺乏创新型人才培养的专职教师，即使一些中学有专职的提高课堂教学效率方面的教师，其专业能力和水平也是十分有限的。加之近年来中学在引进教师、补充新鲜血液等方面做得不够，教师水平一直停留在一个较低的水平线上。很多专业好的教师因循守旧，不愿意花大力气开设课堂教学效率课程。同时由于中学建设资金有限，加之政府在此方面的投入不足，中学不可能将并不充足的资金大量投入课堂教学效率建设之中。另外，一些中学在课堂教学工作方面没有正规的、系统的管理规章制度，课堂教学工作在中学的发展规划中几乎没有体现。这些微观的管理制度的缺陷,导致中学宏观层面对课堂教学工作没有目标,给中学微课教学效率带来严重阻力和消极影响。

(二)新课程背景下提升中学微课教学效果的具体措施

1.要建立有利于微课教学效率提升的课堂教学课程体系,加大教学和科研结合力度

微课课程的设置是中学人才培养的关键,也是课堂教学效率提升的关键。从微课课程方面来看,一是应该进一步拓宽微课课程专业的口径,建立宽口径、重能力的人才培养体系,科学合理地分配选修微课课程、必修微课课程的比例,合理布局基础理论微课课程、基础微课课程等,进一步加重微课课程设置的灵活性和针对性。二是应该积极围绕国家和区域社会发展以及科技进步的战略要求,在知识体系的更新上,在学生新知识、新理论、新技术的补充上要做到及时和准确,要为学生提供一个与时俱进的、具有强烈时代性的微课课程教学内容。三是要打破固有的各微课课程专业之间的建设壁垒,通过开展跨微课课程环境下的人才培养,提升学生各方面的专业知识素养,交叉微课课程环境,启发学生利用更加广阔的思维思考专业领域问题,使学生的课堂学习效率和创新能力得到逐步的培养。

2.推动管理过程的科学化与制度化,做好中学微课教学质量评价的考核工作

中学微课教学质量的评价系统十分复杂,关系到中学管理过程中的方方面面。以生为本的中学微课教学质量评价的最终目的是要建立一个评估学校教育教学水平优劣的建设标准,从而提升

第二章 微课

学校的教育教学水平。然而，由于评价者是社会中的人，受到价值取向、个人喜好、社会环境等方面的影响，在评价考核过程中往往会因个人思维定式而影响对评价的考核。因此，在推进以生为本的中学微课教学质量评价的过程中，要形成制度化、科学化的评价管理体系，相关的评价机构应该独立于被评价中学之外。

3.构建以生为本的中学微课教学评价体系

合理科学的中学微课教学评价会全方位收集和处理学校在教育教学过程中的相关信息，通过相关信息的分析处理，形成诊断意见，促进中学办学质量的提升，最终实现学生培养质量的飞跃，给社会提供优秀的人才资源。这是一个良性的由评价到提升的系统循环。从某种程度上来说，以生为本的中学微课教学评价是人才培养质量提升的前提，其最终的落脚点也是要促进学生质量、学校质量的整体提升。

要站在学校发展和国家社会发展的全局和高度来规划微课教学评价体系，学校的课程建设、人才培养、课程教研、师资队伍建设、国际交流等方面始终要围绕创新人才的课堂教学效率培养来展开。中学微课的课堂教学评价不仅关注学生的学习结果，更重视学生的学习行为和课堂教学效率水平，着眼于未来，通过培养优秀的学生来获得核心竞争力的提升。因此，建立中学微课教学评价体系，将是中学建设的重中之重。

三、关于微课教学的思考

微课是一种全新的教学方式，目前很多高校教师都在对微课进行研究，很多院校也就微课本身、微课的特点开展各种讨论，从而更好地通过微课平台来促进知识的传播和教学设计的创新。通过目前各院校对微课的认识和自己的微课制作经历，笔者对微课特点进行了以下三点总结。

第一，微课的特点在于"微"字，其时间、内容和形式都体现出"微"的特点。在时间上，微课与我们传统意义上的45分钟左右课堂时间是有区别的，微课时间一般控制在20分钟之内；在内容上，45分钟的课堂讲解的内容相对更多，范围更广，但对于20分钟左右的微课堂来说，其内容则要求"小而精"；在表现形式上，微课的表现形式是通过多媒体终端设备播放出来，是更微型的表现形式。

第二，微课具有情境性。很多教师的微课教学设计会将教学地点尽可能地结合课程主题来选择。医学主题的微课堂拍摄地点一般会选在医院或医院场景的实训教室，体育方面的微课场景一般在学校操场或体育馆，并且教师和学生都会按照相应课程主题统一着装，再加上教学道具，使得整堂课的情境性十分突出明显，这是很多日常教学活动所无法达到的。

第三，微课具有广泛性和互动性。微课学习对象不受时间和地点的限制，只要打开多媒体终端设备连接互联网就可以随时随地选择相应内容来学习，并可以对课程内容发表及时的评价和反馈。教师也可以通过与网络学习者的互动，总结学习者对自己课程的评价来改进自己的教学设计，促进教学方法的完善，达到更好的教学效果。

(一)微课优化教学效果的作用体现

1.展示教师教学风采，鼓励优秀教师继续努力提升教学水平

无论是参加全国的微课教学比赛还是制作微课供学习者使

用,教师通过微课的成功展示,对自身也有很好的宣传效果。在传统的课堂教学活动中, 课上得好的教师一般也只能对着一个班的同学讲,其他院校的同行和学生一般是不知道的,这样使得优秀教师的课堂正效应没有及时传播开来。而通过微课,对于那些优秀的微课作品,广大学习者会给出积极的正面反馈和评价,这些鼓励是对这些教师认真工作的最好的激励。教师本人通过微课的平台来与网友互动,加强交流与沟通,能发现自己的优势和不足,认真分析思考问题,从而促进自己更加努力地改进教学方法,提升教学水平,优化教学效果。

2.拓宽知识传播覆盖面

全球已进入互联网时代,人们获取信息的主要方式已从传统媒体转向网络媒体。微博、微信等网络媒体在改变人们联系方式的同时也改变着人们获取信息的方式。"微时代"的人们更倾向于利用移动设备刷微博、看新闻、看视频,这已成为大众特别是年轻人日常生活不可或缺的一部分。人们对于网络媒体的授课也是比较感兴趣的, 哈佛等国际知名院校的网络课程受到包括大学生们在内的广大学习者的欢迎。所以微课作为依托于互联网和移动终端设备的课堂形式,通过互联网媒介促进课堂教学与互联网相结合,可以将知识更快并范围更广地传播出去,拓宽知识传播覆盖面,尽可能将知识传授给更多的人,使更多的人从中受益。

3.加强学习的趣味性、娱乐性

相对于传统的课堂教学活动安排,微课的制作是教师精心准备的,教学设计和教学内容也都是教师经过仔细斟酌的。所以微课时间虽短,但教师前期投入很大,目标也是为了让微课能够脱离传统课堂教学不断重复的乏味和理论教学的枯燥。在首届全国高校微课教学比赛的作品里，很多微课作品的教学设计在保证知识点正确的前提下，都不失趣味性和娱乐性，让学习者在一种轻松愉悦的氛围中完成整个学习过程，学习效果更好。例如，有的微课教学设计制作成类似于知识微讲堂的形式，主讲人用诙谐幽默的语言将知识点讲解得清楚明白，受到很多学习者的欢迎。

4.搭建高校教师交流平台，促进知识的更新和教学能力提升

通过微课，教师可以互相对教学方法、教学设计、教学改革、教学效果等方面进行交流评价。正所谓"百家争鸣，百花齐放"，在这样不断的讨论中，很多教学上的难题也许就迎刃而解了，知识的更新也更加及时，不仅有利于教学方法的改进，还有利于学生培养体制的完善、实现教学效果的优化等。

通过以上的分析，我们可以看到微课在优化教师的教学设计，促进专业教学与现代信息技术的融合，推动教师专业发展和教学能力的提升，搭建教师教学经验交流和教学风采展示平台，提高教学效果等方面的积极作用，通过多样化教学方法和手段促进课堂教学质量和教学水平提高。

(二)"互联网+教育"环境下传统教育与微课教学的思考

随着互联网信息技术的飞速发展，我们所处的社会环境发生了巨大的改变，获取信息的渠道与以前相比有了极大的拓宽。在这个背景下，传统封闭的"灌输式"课堂教育逐渐显现出一些不足和弊端，利用互联网信息技术在课堂上进行教学已成为现代教育必不可少的教学手段。随着国家"互联网+"战略的提出，"互联网+教育"已经成为教育行业发展的必然趋势，微课、慕课、翻转课堂等利

用互联网信息技术进行教学和学习的方式优势日益显现，得到越来越多的社会关注和广泛好评。

1.微课学习相对于传统课堂教学方式的优势

在我国，目前大多学校教育依然是以应试教育为主，以教学大纲中罗列的知识点的传授为中心，教师在课堂这一封闭空间里单方向教学。但在实际教学过程中，由于每个学生基础不同，接受知识能力不同，理解的程度也不同，学生属于被动学习。有时学生在课堂中难免遇到一时间听不懂的问题。但是由于是单向的"灌输式"教育，教师在授课过程中不能完全照顾到每个学生，学生遇到不明白的地方无法停下来反复研究直至完全理解，久而久之，学生某些学科的学习障碍越积累越多，逐渐形成薄弱的学科。

微课的出现恰恰解决了这一问题，其碎片化的学习形式可以让学生灵活自主地掌握学习时间和学习次数。微课中以知识点为内容的讲解，使得学生的课下自主学习更有潜力。微课中集中知识点的学习与课下利用碎片时间的学习方式结合，让学生可以根据自己的学习情况进行选择性学习。对学生而言，微课相对于课堂紧张集中的"灌输式"学习环境，氛围更加轻松，时间安排上更加灵活。这种碎片化自主学习的趋势适应现代教学规律，符合互联网时代学习碎片化的需要。可以预见在不久的将来，微课将成为高效课堂和学生课下自学的有力工具，甚至会出现微课的"私人定制"。

2.微课的发展对传统教育中教师和学生的意义

（1）微课对教师的促进与提高

微课要求在短短几分钟之内将一个重难点的知识点讲述清楚，让学生看懂学会。因此，微课里讲述的知识理解和掌握是关键点,对教师的教学水平和教学能力要求较高。从微课的策划方案开始,到微课内容设计制作、反馈效果的追踪探讨,制作教师在这个过程中需要做大量细致的工作。所以这一制作过程对教师来讲也是一个自我提升教学水平和业务能力的学习过程。

制作优秀的微课对教师有很高的要求。几分钟的微课要求教师把知识点给学生讲解明白,所以教师必须思路清晰、逻辑严谨,有丰富的资源可以拿来使用,这就要求教师要在日常教学过程中逐步形成自己的教学风格,有丰富的知识储备。因此,微课的制作可以帮助每个教师形成自己的教学资源体系。

微课还可以促进教师对互联网技术的学习。教师在使用计算机进行微课制作的过程中,必须掌握诸如利用互联网进行教育资源信息资料的查询收集、运用多媒体信息技术制作课件、电脑排版设计能力等计算机技能。这就逐步培养了具备较高互联网技术水平的现代教师群体,提升了我国广大教师的整体计算机水平。

(2)微课对学生学习的促进

微课为学生搭建了一个自主学习平台。在这个平台上,学生可以自由地选择自己在课堂上没有学会的知识点进行反复学习,利用手机、平板电脑等移动终端进行微课学习和在线讨论,这样交互式的学习环境可以激发学生的学习热情。

微课也提高了学生单位时间内的学习效率。微课是在几分钟的时间里讲解一个知识点,这就要求学生带有明确目标进行学习,必须在这几分钟里集中精力,深度思考。整个微课学习过程是一个高度集中化的思维训练过程,学生可以对自己没有掌握的知识点进行深入理解和反复学习,实现高效学习,从而有更多的时间去做其他事情。

（3）微课对教育资源的充实和对教育发展的促进

微课提升了我国的教育资源储备质量。在互联网多媒体教学的初期，课堂实录曾经风靡一时。然而课堂实录是完整地录下教师整堂课的视频，时间长，内容杂乱，干扰因素较多，学生反映无法集中精力观看课堂实录视频，实际效果不尽人意。微课不但解决了这一问题，而且越来越多优秀的微课极大地充实了教育资源储备。

微课增强了教育行业的开放交流，让更多的社会资源投入到全民教育学习中。随着微课的普及，要制作高质量的微课内容仅仅靠教师个人能力水平难以突破瓶颈，必然引入更多第三方专业制作力量进行前期的脚本编写，现场录制，以及后期的剪辑、渲染、编码制作，从而提高微课的效果和价值，促进现代化信息教育的发展。

3.目前微课中存在的不足之处

微课在促进教师、学生及教育行业的发展方面有许多优势，但其自身也不可避免地存在着不足之处。与传统的系统性课堂教学计划相比，微课与微课之间缺乏关联性，没有完整的知识体系，在行业内尚缺乏统一的微课制作标准，导致微课制作好之后不便于统一集成管理和共享。从目前国内各个地区组织的微课大赛及一线教师教学时使用的微课情况来看，目前微课还存在以下不足之处。

（1）缺少精品微课，师生互动效率低

笔者在与一线教师交流的过程中发现，部分教师在制作微课时对微课选题的策划和设计还缺乏重视，对微课制作的应用环境、使用途径、观看方式缺乏全面的考虑；个别教师甚至以为将课堂上使用的PPT课件录制成视频就是微课了，做出的微课仅仅是一般知识的讲解。这导致有些微课表现形式单一,缺乏知识点的交互式练习以及课后的及时反馈,微课的实际价值大打折扣。

(2)缺乏个性化的用户体验和学习反馈机制

目前国内的微课平台与国外有代表性的微课学习平台相比,无论是在用户体验还是在个性化的服务设计理念方面都存在较大的差距。国内的在线学习微课平台目前仅仅在大数据方面进行归纳总结,而在对每个学习者进行记录、跟踪、识别、个性化分析诊断方面还有很多不足之处。它缺少对个人学习者的精准学习资源推送和个性化学习指导建议,缺乏具有针对性的服务,学生也无法根据学习记录真正认识到自身的需求,进行个性化定制学习;缺少学习交流设计理念和协同学习的有效整合与嵌入,从而难以支撑学习者进行持续性的学习,学生难以发现自己在学习中的不足之处,难以构建适合自己的学习模式。

(3)缺少教师的人文关怀和情感交流

与传统的课堂教学相比较,微课的学习缺少教师的人文关怀和情感交流。学生作为有感情的个体,课堂上教师的一个眼神、一个动作都会给学生莫大的鼓励。教师课下可以对学生进行关怀交流,进而在情感交流中激励学生努力学习,而这些是互联网时代面对屏幕的微课所无法做到的。

4.对目前国内微课的建议

(1)加强交流式学习环境的构建

微课不是冷冰冰的屏幕视频播放,要将微课学习过程提升为交流学习模式的建造。发挥传统教育中教师的引导交流作用,让教师通过微课网络学习平台引导学生进行高质量的互动和学习交流,对交流和学习笔记中有价值的观点进行整理提炼,形成学习简报,通过平台分享给所有的学生。鼓励全体学生和教师一起积极参与微课建设以及交流,形成良好的交流式学习环境。

（2）建立及时反馈机制

及时的反馈机制是检测学习效果的关键因素，就像传统教学中教师的课堂提问和单元考试一样，要在微课学习平台上根据微课内容设置几个选择题测试学习效果,然后系统自动评分,并且根据结果推送相关知识点的学习建议。或者让学生通过社交网络进行交流式学习。让学生对一个知识点给出自己的理解,然后交流讨论。或者参照社区板块的模式,在每个微课下由专业教师提出几个问题,让每一名学习者根据问题写出简短的微博式学习日志,同一学习小组的学习者互相交流评判彼此的学习日志。以上这些及时反馈机制可以帮助学生进行有效学习。

第二节 微课教学的应用研究

一、基础教育阶段微课的价值与应用取向研究

对于微课的概念,现在整个学术界、教育行业仍无统一的界定。国内与微课类似的概念有微型课程、微课程及微教学视频等。焦建利把微课的出现归结为"以阐释某一知识点为目标,通过短小精悍的在线视频呈现,以学习或教学应用为目的的在线教学视频"。这种观点强调的是微课的视频属性,即以精炼简洁的小视频重新表达关键知识点,使视频教学的魅力再现。郑小军教授把微课看作"为支持

翻转学习、混合学习、移动学习、碎片化学习等多种学习方式,以短小精悍的微型教学视频为主要载体,针对某个学科知识点或教学环节而精心设计开发的一种情景化、趣味性、可视化的数字化学习资源包"。他从学习资源建设视角出发,认为微课的建设强调资源的"微"化,对学习者而言就是提高可用性。杨满福教授指出:"作为简短而高效的学习资源,微课建设的目标应该超越资源的存储入库观而转向实践观,应该将其置于公共空间,开放、免费、无限制或较少限制地供教师和学生等使用。"这种观点强调微课不能停留在基于信息技术的学习资源层面,必须紧紧抓住"改变传统课堂教学结构和构建新型课堂教学结构"这个中心。

国外提出了 Micro Lecture、Micro Lesson 等概念,这些概念既相互联系,又各有区别。共同点在于都突出了"微"(Micro),强调了视频内容的短与精;不同点在于微型课程强调的是微视频与微教案、微练习、微反思、微评价的交互与情景化运用。在国外,微课程最早源于美国北爱荷华大学 LeRoy A. McGrew 教授提出的 60 秒课程(60-Second Course)以及英国纳皮尔大学 T. P. Kee 提出的一分钟演讲(The One Minute Lecture,简称 OML)。两者强调的是微课程对学生专业知识以及学习材料连通性的促进,以此来避免学习知识的孤立与片面。由此可见,国外对于微课的界定更多地突出其"微"的特点,针对的是以信息技术为支撑的教学活动,时间与规模都是微型的,而国内所说的微课是基于现实的学校课堂教学,属于正式学习范畴。

从微课设计视角来看,胡铁生认为,设计一节微课需要包含以下五个过程:合理选题、教学设计、课堂教学、撰写视频字幕、拓展其他资源。金陵认为,微课是对原有课程内容的再开发,在原有教学内容分解到课时的基础上,再把单节教学继续分解成若干个微小单元。李玉平认为,微课程的设计制作实质是精细观察和深度思考,是从一个个小细节中发现亮点,通过不断追问将看似价值不大的叙述开发成策略,梳理成故事,再经过后期制作形成。

从微课开发视角来看,国内部分学者从开发理念、制作方法、技术支持等方面提出了建议和看法。"在学习层面,建设优质资源,供学生个性化自主学习;在教学层面,通过优质资源的共建共享,促进教师专业发展;在教学互动层面,以微课程为载体,变革现有的课堂教学模式。"这种观点强调的应有之义为从学生学习与教师教学需求出发,关注点从资源建设转向资源应用与循环再生,通过技术与教育深度融合,促进技术支持下的学习变革。

在线视频(时长约 5~15 分钟)学习资源的出现与流行,触发了数字化课程资源的建设逐步向"微"形变化的可行性探索。国外的数字化课程资源建设倾向于基于统一标准的信息化平台,提供基于微小视频的课程模块。在线教育平台 Coursera 在资源建设中,通过与世界著名高校合作,制作课程视频录制的标准软件,邀请著名教授开课,来满足大规模用户同时在线使用,并提供专业技术服务。此外,可汗学院、TED-Ed 中的微视频都是短小精悍并针对平台录制的。

我国中小学数字课程资源的建设,走过了静态到动态交互的历程;教学视频在众多优质课程资源共享项目中渐渐占据主体地位,呈现方式包括以课堂实录为主的远程课堂(完整的课程视频)、基于视频的远程教学互动(课程视频切片)、以翻转课堂为背景的微型教学视频(微课)。

从宏观的层面看,中小学课程资源建设已形成政府、学校、企业共同参与的局面,但是,花费巨大、耗时费力建成的大单元、种类繁多的教学视频资源(库)在教学实践中的应用情况并不乐观,资源浪费现象严重。从微观层面看,"微内容""移动学习""在线学习"等新的元素已被中小学生关注;特别是以翻转课堂为背景的微型教学视频,已进入中小学的教学实践,"微"的变化首先表现在课程上;中小学教师个体的参与意识不断提高,微视频课程资源的建设已成当下中小学新一轮教学改革的热潮。

胡铁生认为,微课程是教师专业成长的重要途径之一。通过微课程进行听评课、教研活动的方式突破了教师传统的听评课模式,变革教师传统的教学与教研方式将更有效地促进教师的专业成长。对于学生而言,微课程能满足学生的个性化学习需求,不但能帮助学生查漏补缺、强化巩固知识,而且能让学生随时随地学习,是传统课堂学习的一种重要补充和拓展资源。焦建利教授认为,微课程是教师和学生的重要教育资源,对于学生的学习、教师的教学实践和专业发展具有重要的现实意义。教师通过微课程的学习和反思,分享的不仅是丰富的教学资源,更是各自的教学智慧,这种研修方式更有助于教师的专业成长。刘静波认为,教师通过制作微课程,不断深入反思,归纳总结,可以将隐性成果显性化、显性成果标准化、研究成果传媒化、科研门槛草根化,从而不断提高自己的专业发展水平。

微课教学目标明确,知识点指向性较强,讲解也清晰,形式简练易懂。因此,微课可以作为丰富的学习资源供师生使用。但如何将微课融合到具体的学科教学当中,提高学生学习的兴趣,激发学生的思考,以此来提高学习效率等,将会是今后的一个研究重点。

目前微课程与具体学科课堂教学整合的应用研究较少,主要有刘文忠的《论小学语文教学中如何运用微课程提高课堂的有效性》、顾柳敏的《基于微课程理论的地理合作课堂初探》、钱柳云的《新课程理念下化学微课程教学的实践与思考》等。其中,刘文忠的研究表明,微课程能有效地提高课堂教学效率,锻炼学生的思维能力,激发学生学习的主动性和自觉性。

综观已有文献,目前国内中小学微课基本上是以支撑翻转课堂为主要应用方向,相应的微课也按照这样的方向设计和开发,要支持的是课前完成知识预习,为课堂上交流讨论奠定基础。这种做法不太适合在课堂上让学生通过自主与协作方式完成知识的学习任务,也不是很适合课后的巩固和提高。此外,在大多教师所制作的微视频中,信息技术与内容讲解的深度融合还相差甚远,微视频的讲解质量有待提高,微课的建设和应用普遍存在着非常大的盲目性。已有研究注意到翻转课堂在教学中的优势与劣势,但尚未有研究从详细、具体的角度描述微课在某校的具体实施情况以及微课在该校的地位与作用。目前研究缺乏对微课在实践过程中的评价,还缺乏有力的证据说明微课实现了预期目标,国内大量微课实践案例也少有过程评价,其对教师、学生的发展到底产生了怎样的影响,研究结果较少。

二、价值考量:微课的合理定位

教育资源的数字化活动,就"形"而言,是技术的变革;就"实"而言,是资源内容的数字化。有些人认为,实现了教育资源的数字化也就实现了教育现代化,微课就是教育现代化的标志;基于微课的翻转课堂也完全颠覆了传统教学模式,学生课下进行自主学习,教师课堂解决学生遇到的问题。于是,许多学校以高标准的要求添置了一流的电教设备、设施来录制微课,但由于专业师资不到位等诸多原因,备教设备的使用率不高,有的仅是在公开场合表演一番而已,学生也无法真正实现个性化学习。总之,微课热给教育带来了变化,但是否彻底颠覆传统教学还有待商榷。究其原因主要在于探讨现阶段微课的价值,即微课与以往的媒体技术有何不同,基于微课的翻转课堂能否颠覆传统教学,学生基于微课能否实现个性化学习。

(一)微课的属性

对微课的概念界定是从内容上和形式上出发的,即内容上是针对教学知识点,形式上是基于微视频。基于上述两点可知,微课是以微视频为载体,针对某个教学知识点(如重点、难点)而制作的,以满足学生个性化学习的一种视频课程资源。

对微课的特征来说,内容上强调的是短小精悍,形式上注重的是类型多样化。"短"指的是时间短(一般不超过 10 分钟),"精"指的是内容精简,因为微课针对的内容是某个知识点或是小问题、小故事、小策略等,所以它的内容很精简,不拖泥带水。微课会择其教师授课中最精彩的片段进行录制或是教师个人针对某个知识点制作而成,再上传到网上供所有人免费收看,如凤凰微课、佛山微课,点击率非常高,这说明它更符合中小学生的心理认知特点和视觉驻留规律。微课形式上的多样化,是指有 PPT 转化而成的视频,有录屏软件录制下来的视频或音频,也有摄像软件拍摄下来的视频等。但不管是哪种制作方法,其主要以视频为主,最好配置音乐、图片、文字,这样更能吸引学生的注意力。另一方面,微课的针对对象呈现多样化,可以是某个知识点或教学环节,也可以是一个小故事、小问题、小策略等,还可以是某个习题等。

(二)"微课"应用的误区

1.微课应用不等同于教学现代化

教师亲自录制微课、学生利用平板上课等这些新鲜方式让人们觉得教学已经实现了现代化,学生可以不用背书包,夹着一个平板电脑就可以上学;原来学生主要用书本学习,现在他们通过看视频学习知识;通过微课,学生们不仅可以观看视频影像资料,还可以跟教师互动、参与小组讨论等;微课能够给教学带来全新的体验,能提供丰富多彩的教学资源。但这真的表明已经实现了技术上的现代化吗?

据调查,微课主要由学校信息技术教师拍摄(60.68%),其次是同科组教师(25.73%),有些还是聘请专业公司拍摄的(8.25%),教师自己拍摄的极少(3.4%)。52.18%的教师认为微课视频的后期编辑加工技术难度大(如片头、片尾、画面效果、字幕显示),48.77%的教师认为微课视频的拍摄难度大、制作成本较高。这限制了普通教师参与微课制作的积极性,影响了微课的制作与推广。调查发现,绝大部分教师最初制作微课的动力来自参与微课大赛。教师希望通过微课来获得教育行政部门的证书奖励,以此作为职称评定的参考指标之一。因此,目前的微课热度更多的是出于功利动机,而不是课堂教学的需求。

由此,教育者应当认识到,只有那些能够真正解决教学中的瓶颈问题,同时能够被大众所普遍掌握的技术才是教学变革所需要的,而这些技术通常是壁垒较低、价格低廉甚至免费的技术。

2.微课应用无法替代传统课堂

课程改革与素质教育的深入推进,给课堂教学提出了更高的要求,我们不能再指望一堂课的教学内容用三节课的时间来进行,这有悖于学生的学习规律,同时与素质教育相背离。学校教育不能以牺牲学生的全面发展为代价换取考分。为此,教学既要追求课堂高效,又不得不面对一个现实:学生的学习能力存在必然的差异。而微课的应用给学校教学开辟了一条切实有效的途径,微课给学生提供可以反复多次学习的载体。这种学习方式有别于纯粹的学生自主看书的自学,书本呈现的是显性知识,而微课视频除了有显性知识外,还包含了教师的情感、态度、价值观等隐性的知识,而且视频的画面、声音等多种感官刺激远比单一枯燥的书本效果好,能激发学生的学习兴趣,也能使学生通过这种方式提高自主学习的能力。

尽管各种微课竞赛风生水起,但教学应用的情况到底如何? 根据对中小学以及高校微课比赛的参赛教师的调查发现, 大部分教师认为微课的应用效果体现在有利于同行交流借鉴、促进教师专业发展、提高教师课堂教学水平、提升学校的科组教研和校本研修水平、提高教师的备课效率、促进区域网络教研水平提高等方面;仅有 31.55% 的中小学教师和 26.19% 的高校教师认为,微课可提高学生的学习兴趣或学习成绩。由此可见,微课无法替代传统课堂。

3.微课应当为个性化学习服务

微课的微型化、碎片化使得学生学习时效性得到增强,学生能集中时间有效解决学习中的难点和疑点问题。在翻转课堂模式下,以前的自习课变成了现在的自学质疑课。课上教师为学生提供学习新课的帮助,主要体现在事先设计制作的自学学案和微课视频上。学生根据学案明确自学目标,根据提示的自学要求和方法自读教材,完成预习题并记录疑难。微课短小精悍、主题明确、针对性强、易传播、半结构化等特点能够满足个性化学习时代学生的学习需求。

至于微课带来的知识碎片化、认知浅表化等问题,一些学者主张通过制作专题化、系列化微课来解决。例如,李玉平制作了微电影系列、经典故事系列、家校合力系列和师德教育系列等多个微课程,每个微课程均是围绕本系列的核心内容创作而成。其中"师德教育"微课程包括"保护蛋宝宝""一封求助信""不安全的笑声""你会怎么评价""捂本的孩子"等系列微课。在国外,可汗学院公开课的相关微课都是围绕一些知识点来创作的。其中数学科目由微分方程、三角形、几何学角、线性代数、概率等课程组成,而三角形课程的教学视频则是围绕证明三角形的内角和等于180度、角的例题、另一个找三角形中角的例题、多种解法求三角形内角等核心内容创作而成。将微课体系化后,学生就可以沿着"切碎—连通—整合—聚焦"的知识创建顺序,按自己的步调、节奏观看教学课件,学习课程内容。

制作系列微课确有必要,但目的不应该只是为了帮助学习者建构以学科知识体系为中心的知识结构，而是应该帮助学习者建立以个人兴趣和问题解决需要为中心的个性化知识结构。

(三)微课应用的价值

基于上述对微课认识的阐述,可以发现所谓的教学现代化、颠覆传统课堂都在强调建立学生的个性化知识体系。这种观点忽视了基础教育阶段学科知识体系的重要性，导致微课价值的提法不切实际,也不符合日常教学应用。微课同以往的"信息热"既有区别又有联系。微课真正产生作用的是对传统资源的变革,它不仅是对冗长乏味的课堂实录教学视频和形式单一的常规多媒体课件等资源的变革,更是一种融入评价、交互等环节的学习支持服务。

因为微课(这里指非课堂实录型微课)虽然能清晰地呈现教学内容,但无法真实地记录课堂中的师生行为;而教学视频切片虽然容易分散学习者对学习内容的注意力，但能如实地还原课堂的真实情境,如教室环境和师生行为。所以,如果能根据不同的场合和需要,恰当地混合使用微课与课堂实录,那么就能扬两者之长,避两者之短,获得统合综效的结果。比较而言,微课更适合在说课、课前预习、课中突破难点、课后巩固扩展等场景中使用;课堂实录和教学视频切片则更适合在教研室集体磨课、评课、课后反思和教学诊断等场合中使用。鉴于此,中小学生要想掌握某门学科或专业的系统知识,应当以接受学校教育为主,而微课将为所有类型的学习提供丰富的资源。

总之,微课应用并不只是教学现代化,它还是对原有技术的应用,它在这些技术上面进行了革新,更加强调视频的适切性以及学生的交互体验。微课的价值更在于辅助学科教学,提高教学效果,满足学生个性化学习,为传统教学提供恰当的补充。

三、微课应用的引导策略

微课应用教学最终还是要回归教育的本质,教育的本质在于对人的身心发展产生积极影响。如何在保留微课学科知识体系的前提下,加强人才培养、促进人的发展是未来微课发展的重点,而微课促进的生长性教育也是微课应用的必由之路。因此,微课的建设不应当是某些学校的事情,应当是整个社会的责任。同时,微课的实质在于提高学生的学习效率,微课的应用不应脱离教学的本质,应当注重师生情感的培养。

(一)微课应用应当回归教学本质

信息技术融入教学的本质在于拓展学生进行学习活动的手段,提高学生的学习效率,完善学生的个性化学习。微课也不例外,应将技术与平台教育资源结合,将线上与线下统筹发展、闭环驱动,以此来使教学回归人性化的教学本质。每个学校的情况各不相同,微课的应用模式也应当各不相同,但在实际推广中,很多学校追求教育的功利化。现代教育越来越崇尚,或者说越来越依赖这些功利原则,并将其转变成为教育的基本原则,从而使得教育具备功利形态。教育的功利化使得教育目标和教育内容功利化了。各个学校在应用微课时,忽视了本地或本校资源的独特性,导致微课应用的盲目性与不适性。

在这种氛围下,我们更要强调学校与学校之间的差异性,明确地方资源的优势,不能一味地把模仿某成功模式作为开展微课的核心,学校应当把因材施教、个性化学习作为微课应用的重中之重,切实发挥自己的特色,注重"外来"模式与"本土"资源的互融。微课热是暂时的,但微课是长期的。微课课堂也只是众多的教学模式之一,并不适合所有学科、所有内容、所有阶段。因此,微课应更好地与学校教育相结合,以满足学生个性化学习的需求。

(二)微课应用应当强化师生间的互动

师生情感的培养离不开日常教学的人文向度。人文向度的追求在教育活动中是一个持续的过程,其基本含义是尊重人的价值,注重人之精神的弘扬,其目的是发展基于学生情感获得的教育。主张微课教学的人文向度,首先应当考虑的是:教师应通过人性化的行为选择,主动发展并生动展现其才能,注重教育对象——活生生的人的情感世界,在完善自身"人性善"的同时,致力于培养学生的人文精神。

1.开展多种基于微课的教学形式,融洽师生关系

微课具有时间短、内容精、主题突出、便于反复观看、随时点停等特点优势。作为教学资源的单个优秀微课可用于辅助学科教学。系列或专题微课可用于讲解新知、传授技能、提高复习效率、解决学科教学难点,尤其是理科教学难点等。

以往没有网络的时候,学生们除了在课堂中接收教师讲的内容,或者到图书馆查询一些学习资料外,无法共享更多的教学资源。虽然技术融入教学,学生能够通过观看优秀的教学视频来进行知识内容的学习,但知识的广度与深度对于学生来说是一个无法逾越的难点,仅靠学生自主学习是不现实的,学生还是需要与教师面对面地交流与讨论。教学不仅在于传道授业,更要注重解惑,两者结合才能更好地帮助学生的学习,更好地促进教学效果的提升。

2.畅通线上线下,实现情感教育目标

目前从微课平台的资源来看,更多是以题海战术来应对学生的应试需求,不少在线教育软件都步入歧路,即片面强调需求而忽略了人性,软件成为一个出题机器,学生成为做题机器,忽视了教师身份参与的重要性。教师通过微课平台分析、收集学生的学习优势与劣势,线下提供学习方法。而孤立的微课学习并不能真正满足学生的学习需求,打通线下是必要条件。也就是说,微课应用的本质是线上做平台实现需求对接,教师线下教学,对差异化、核心的内容进行指导,并提高师生之间的情感交流。

因此,应当将线下教辅与线上学习相结合,打通线上线下,通过线上应用的系统对用户的行为和能力数据进行分析,线下的教师便可以基于数据梳理出个人成长体系,形成系统化的知识教育体系。为使教师和学生能够在线下和线上完成情感的交流,线上需要加强公告栏、讨论区、作业区等各个学习区域的建设,线下要注重师生一对一指导,避免学生厌学、畏学。

(三)微课应用应突出技术与教学的协作

调查发现,教师普遍反映不知如何撰写脚本来指导视频的拍摄,缺乏丰富的多媒体素材课件等;部分教师录制的微课作品内容虽好,但因为外部技术支持的缺失,出现视频画面不够清楚、镜头单一、教学趣味性不强、配套资源不齐全等问题,学生在利用微课时学习效率下降。微课的开发是微课应用的基石,要真正实现微课的高效利用,应当重新定位微课开发的群体,加强社会协作。在微课制作过程中,应加强一线教师与外界专业信息技术人士的合作,在加强学校与商业公司的合作,努力搭建政府、企业、公司及一线教

师的合作群体,多管齐下,重构微课制作模式,优化微课质量,提高微课在教学实践中的适用性和有效性。

1.强化教学与技术对接协作机制

畅通学校与政府、企业的合作关系是持续促进微课在我国基础教育中应用与实施的关键所在。微课平台是以后网络学习的流行趋势,也是微课得以持续高效应用的基本保障。但调查发现,国内的微课平台虽已部分实现商校合作的模式,平台能够基本满足一线教师上传、修改微课内容的需要,但现有的国内微课平台在教学支持、评价等方面的功能比较单一,无法满足师生、生生深入交流与探讨。国外学院则为学习者建立了较为完善的个性化学习支持服务,学习者可以根据自己的需求制订学习计划,平台也会根据学习者的学习安排推送有针对性的微课内容。在未来的发展中,微课平台最好能支持学生根据自己的学习兴趣进行自主学习。例如,平台可根据学生的学习足迹自动推送学习资源,以更加智能化、高效地支持学生的自主学习。功能齐全、应用便捷的微课平台已无法由学校自己搭建,商校合作是微课共建共享的有力支持。商业公司开发微课平台,提供技术的支持,学校教师录制微课并上传到网络平台,以丰富平台内容。因此,有必要加强社会协作,努力构建集微课建设、应用与管理为一体的一站式服务环境,全力满足学习者的个性化学习,提高学习者的学习效率。

2.以微课的应用促进师生信息素养的提升

开展微课建设除了要重视校外自建,即统筹商校合作,还要在此战略目标下强调校内共建,这两大生态系统缺一不可。前一个系统以消除用户学习的时间与空间差异以及信息的不对称为核心,实现线上线下结合。后一个系统以提高师生的理念融入为主体,消除师生在微课应用中的无准备性,努力将优秀的师资最大程度地利用起来。因此,相关部门应提供多元化的微课应用培训,提高教师对于微课应用的深层次认识。教师应当探索适用于本班教学的微课应用模式,帮助学生树立使用微课的自信心,促使学生不仅能够在微课理念上有所了解,还能在日常学习中灵活运用微课平台的各个功能。

同时,教师和学生在微课培训中,要认识到自己是培训活动的主体,是决定微课能否成功应用的关键因素。教师在培训过程中要端正培训的动机,以提高微课应用能力为目的,提高自身专业能力的信念,克服被动性。此外,无论学生还是教师,在接受培训时,需要做到以下两方面:一方面,师生要明确微课培训的必要性,"微时代"给学生的"学"和教师的"教"提出了更为严格的要求,教师要建立起微课观,具备多元的知识结构、娴熟的微课制作技能、先进的微课应用理念、深厚的技术素养等;另一方面,学生要对培训的目的有一个全面的了解,学生在接受微课使用的培训前,要了解接受微课培训的目的、培训的内容与方式等,接受指导的学生只有真正了解培训的目的,才会有更好的培训效果。

四、微课应用于教学的意义

(一)融会贯通,聚焦教学要点

微课有目标单一、短小精悍而又内容明确的特点。因此,微课应用的针对性强,聚焦于解决某一个教学问题。虽然其目标单一,但是微课不是对一个知识体系简单分割而形成的独立知识点。相反,微课虽是基于单个知识点,但它是对一个完整知识体系的精心划分,既能够唤醒先前知识,又能引出后续的知识内容,起到承前启后的作用。因此,利用微课进行学习,并不会与"统合综效、知识连通、融合创新"的学习方式相悖。

(二)因材施教,尊重个体的差异

在一个数十人的班级里,学生往往良莠不齐,学习基础、学习能力或者个人的认知方式难免存在差异。微课通过播放流媒体资源,可以实现自定步调的学习,解决学生学习能力和学习效率的差异化问题。同时,通过制作不同难度的微课或者将查漏补缺的知识点制作成微课,也可以满足学习基础较差学生的需求。

而对于不同认知方式的学习者,则可以考虑通过采用与其认知方式相匹配的微课来提高教学效果。例如,教师可以根据学习者特点决定在哪个学习阶段使用微课进行教学、将微课应用于何种教学、采用何种教学组织形式等,提高课堂教学效果。然而,目前尚无关于认知方式、微课应用情况与教学效果之间相互作用的研究。因此,本书将以认知方式和微课应用情况作为自变量,以教学效果作为因变量展开教学实践,以探明学习者的认知方式与微课应用情况对教学效果的作用。

五、微课教学的设计与制作

(一)微课制作方式

如今,随着微课教学研究的不断深入,微课的制作方式也在逐步完善。以下主要介绍四种相对典型的微课制作方式。

1.智能手机+白纸+支架

这是一种最简便的方式，只需要像素相对较高的智能手机、白纸、手机的支架，以及几支不同颜色的记号笔，直接进行录制。录制过程中要求保证画面的清晰稳定以及语速的流畅，在技术方面要求不是很高。这是一种非常简单便捷的录制方式，但是整体效果不是很好，很多宏观的知识并不能展现出来，情景化不强。

2.录像机+黑白板

这也是一种非常简便的微课录制方式，只需要录像机、黑白板及一些教学工具即可。以黑白板为录制对象，讲述者在黑白板上进行讲解，录像机对其进行录制，只需要语速均匀、表达清晰、画面流畅即可。这种方式是一种低技术含量式的录制方式，除了时间可以缩短之外，其表达出来的东西也和传统方式内容差不多，达不到微课程的基本要求，而且会看到讲述者本人，不是录制微课的很好选择。

3.屏幕录制软件+电子黑板(手写板)+画图工具

这种方式是可汗学院方式的录制方式，需要用到专门的视频录制软件以及电子黑白板、麦克风和画图工具。讲解者一边讲解，一边在电子黑板上演示。这种录制方式在计算机相关软件应用技术方面要求较高，制作时所花费的时间也较长，但是制作出来的效果更好，给学生呈现的是一个更宏观的模型，并且看不到讲解者的表情动作，有利于学生集中注意力。制作的要求也更高，需要配上讲解字幕，对学生的预习、复习及学习都有较大的帮助。

4.屏幕录制软件+课件制作软件(PPT 等)+Flash 软件

这是一种以软件为主的微课制作方式，对软件、硬件及人员的制作技术要求较高，也需要用专门的视频录制软件，包括常用的PPT课件制作软件，还有动画制作软件Flash，这些都需要有一定的技术和花费较多的时间。通过这些制作出来的课程效果也更宏观、更情景化，是语言和图像、视频的结合体，有利于更大幅度地提高学生的理解能力和学习兴趣。

(二)微课制作软件

1.PPT软件制作

PPT是一款大家熟悉的软件，全称为Microsoft Office PowerPoint，它是教师们经常使用的演示工具，出自微软公司的Office套件。在高中地理的课堂中，PPT的应用相当广泛。通过PPT可以设计不同的背景和动画效果，也可以通过插入功能插入音乐以及相关的课程视频，同时也可以通过"动画"和"切换"菜单项设置自定义动画和幻灯片切换动画。通过PPT的画笔功能，可以制作出动态型的分割线，从宏观上加强学生的理解。

2.其他相关软件介绍

目前市场上的屏幕录制软件有很多，用于微课制作的软件有Camtasia Studio、Flash软件、Fscapture及会声会影。

Camtasia Studio是一套专业的屏幕录像软件，长期使用需要支付一定的费用。但是这款软件功能强大，同时包含Camtasia录像器、Camtasia编辑器、Camtasia菜单制作器、Camtasia剧场、Camtasia播放器和Screencast的内置功能。

Flash软件是美国Macromedia公司设计的二维动画软件。通常包括Macromedia Flash以及Macromedia Flash Player，前者用于设计和编辑Flash文档，后者用于播放Flash文档。利用Flash软件可以制作出色彩和色调变化丰富的图像，能逼真地表现自然界的现象和景观。

Fscapture 软件是一款抓取屏幕图像的小工具。其主要特点是体积小、所占空间小，并且功能强大，完全可以作为随身工具，用起来也很方便。Fscapture 不但能截图，还可以用扫描仪获取图像，也可以将图像转化为文本的格式。录制屏幕也非常方便，是一个简单、易学、实用的录制软件。

会声会影是一款功能强大的视频编辑软件，其占用空间较大，不方便携带，但能很方便地进行图像抓取和编辑，还可以一边录制视频，一边转换画面的文件格式，也可以用格式工厂对其格式进行转化，同时还能直接将相关内容刻成光盘的形式。

3.脚本与素材准备

脚本犹如电影的剧本，设计一个好的脚本是上好一节微课的基础，更可以为下一阶段的视频录制做好准备。一般来说，脚本没有固定的模式，教师可根据自己的教学需要来制作脚本。总的来说，脚本通常包含片头、引入、过程、总结、片尾五部分，其中有内容、画面、时间、声音、备注等相关元素。由于微课的内容较少且知识点明确，可以选取列表的方式进行脚本的设计，更好地把每个知识内容清晰地展现出来。

素材是制作微课必不可少的一部分，好的素材有利于更高质量地完成微课。一般搜集素材的方式有教师自己制作和网上下载两种。在微课的开发过程中，需要用到图片、视频、动画、音效等有关素材，其中 PPT 和 Flash 软件都可以对有关的图片和动画进行制作。

（三）视频录制与输出

根据之前的脚本及素材的准备进行微视频的具体录制，这个步骤是对前期开发和资源分析的具体实现，也是微视频开发设计的最重要的一步。在录制时，音频和视频同步操作，也可以在后期进行配音。录制和制作要求有一个相对安静的外部环境，保持画面清晰、美观。在选择素材图片时，应该选择更具有代表性并且分辨率高的图片，在选择视频底色的时候，一般是选择淡一点的能与文字相匹配的。录制时，内容也要连贯完整，一个微视频最好录制一个知识点，录制太多的内容不利于学生的理解，也容易混淆。在讲解时，内容之间也要相接。同时，由于微课程时间较短，表述要清晰，避免重复、表达不清的现象发生。录制时的声音要清楚、柔和、大小适中、无杂音、吐字清晰，最好不要用地方口音和语言进行录制，可以借助相关工具将声音进行美化。片首与片尾要保持衔接完整，片首以引出话题为主，吸引学生的注意力，片尾以总结性为主，让学生对本微课学习后有整体感。

视频一般借助相关软件进行录制，录制时选择什么软件，应该从视频录制者本身条件出发，前文对相关软件有过介绍。比如，用最简单的视频录制软件 Fscapture 录制时，只要直接点击软件中的屏幕录像机就可以直接进行录制。录制时可以选择录制区域，也可以在该软件的选项上进行音频的选择。

微课录制好之后要对其进行编辑，进行测试预览，发现有误的地方要对其进行修改和完善。主要是对字幕、声音、背景音乐、画面和所讲的内容进行加工，利用相关软件进行剪切和美化，如用Camtasia Studio 进行美化加工，只需要导入刚刚录制好的微视频，

第二章 微课

把不必要的内容剪切掉就好了，也可以在视频上加上字幕。最后，可以为视频的片头和片尾配上背景音乐，如果想要取得更好的效果，可以采用会声会影软件进行编辑，让微课更加美观实用。

地理与微课

第一节　地理教学与微课的关系

微课的应用,体现了"教师是学生学习的指导者、组织者"的教育观念,是对传统课堂教学的一种积极有效的探索。微课可以结合多种教学方法,根据所授内容采用不同的授课方式。那么,如何将微课和不同类型的地理课程进行整合呢?

一、微课与地理课程的整合

(一)微课与地理常识课整合

初中地理教材中大量常识性的知识相对比较简单,学生通过自主学习就可以学会。对于大部分常识课,地理教师可将其制成知识点清晰、针对性强的微课,要求学生在预习阶段自主学习、自行消化,从而把节省下来的时间更多地用于思维能力的培养。例如,"七大洲的地理位置"一课就可以制成微课,让学生通过自学微课内容完成学习任务。首先让学生观看世界地图,并提问:"大陆主体部分位于赤道以北的有哪些大洲?""大陆主体部分位于赤道以南的有哪些大洲?"这两个问题都提到一条重要的纬线——赤道,要求学生找出赤道,然后说出赤道南北各有哪些大洲。其次,提问:"大陆主体部分在西半球的有哪些大洲?""大陆主体部分在东半球的有哪些大洲?"让学生在地图中找出东西半球,指出分别有哪几个大洲。最后,提问一些重要的纬线贯穿了哪些大洲,如"赤道主要穿过哪些大洲?""南、北回归线分别穿过哪些大洲?""哪些大洲被本初子午线穿过?""世界上跨越经度最多、纬度最高的是哪个大洲?"随着问题的一一解答,学生自然了解和掌握了这部分地理知识。

(二)微课与地理技能课整合

地图是日常生活以及学习地理必不可少的工具。在地图上,可以直接获得大量有用的地理信息。因此,学生要掌握使用地图的方法,培养识图、析图的能力。在教学中,部分反应慢又羞于发问的学生地图知识不扎实,不能很好地运用地图解答问题,以致影响到学习成绩。针对这种情况,可以让学生利用零散的时间,使用微课自主学习,弥补知识的不足。

例如,在"等高线地形图的判读"这节微课中,地理教师可以首先解释海拔的定义,重点讲述什么是等高线、等高距;然后用动画形式演示等高线;接下来分别介绍山顶洼地、山脊、山谷、鞍部、陡崖的含义。利用这样有图、有画、有讲解,听不懂又可从头再来的方式,学生还有什么学不会的呢?

(三)微课与地理复习课整合

由于课时所限,地理复习课往往全面而不具体,甚至一带而过,知识得不到细化。学生也往往是被牵着鼻子走,走马观花,复习效果不明显。微课可以做到详细讲述每个知识点,并可将同一知识点分层录制成基础篇、提升篇、超越篇等。学生可根据自己的需求学习相应的视频资料。有了针对性,学习效率就得到了提高,真正实现了分层教学。

以"自然界的水循环"为例,地理教师可以做三节不同层次的复习视频。第一节:了解陆地水体的含义,能叙述水循环的主要环节,了解水循环的意义。第二节:了解水循环的构成,绘制"海陆间水循环示意图",能用自己的语言叙述水循环的过程,阐述水循环的意义。第三节:会分析"水循环构成图",会表述水循环的过程和主要环节;掌握三种水循环的联系和区别,掌握水资源短缺的原因和水循环的地理意义。这样的微课适应不同程度的学生,由易到难递进学习,很好地解决了学困生的转化问题。

(四)微课与地理活动课整合

在传统地理课堂中,活动课往往很难开展起来,原因如下:一是课堂上的时间有限,活动达不到既定目标;二是部分教师对知识内在把握不准,方向有偏差,经常出现与教学目标背道而驰的尴尬现象;三是活动方案质量不高,部分教师套用教学用书上的范例,缺乏灵动性,没有创新,使得学生学习兴趣不高,失去活动课的积极意义。随着时代发展,互联网和移动设备上有关地理活动的微课会越来越多,越来越精彩,能更好地满足学生的个性化学习。例如,学生可自主学习"简易地球仪的制作""长江与黄河(相声)""政区猜谜与拼图竞赛"等微课,既能充实课余时间,又能使课堂学习得到重要的补充。

二、基于信息技术应用的地理微课教学的必要性和可行性

（一）基于信息技术应用的地理微课教学的必要性

1.直观展示地理学科的特色，提高地理教学的高效性

在现代教学中，每一位教育者都在追寻如何实现高效性教学。学生学习的时间是有限的，如何让学生在有限的时间内获取更多的知识是每一位教育者探究的永久课题。微课教学与地理教学相融合的意义就在于提高地理教学的高效性。

地理教师往往遇到以下困难：在自然地理教学中，教师有时很难用语言描述自然地理现象；由于学生缺乏生活和生产实践，教师结合生活实例分析人文地理知识时受阻；区域可持续发展涉及的区域面积较广，而且每个区域的环境特征和区域问题既有相似性又有差异性，学习区域地理时，受生活区域狭窄的影响，学生思维空间拓展受限。利用微课教学，教师便可解决地理教学中的以上困扰。

（1）地理微课教学能再现地理事物的形成和发展过程

许多地理事物的形成和发展过程是地理教学的重难点，如地球的运动、全球气压带风带的形成、河流地貌的发育、地球表面的海陆变迁。对这一部分知识的学习需要具有丰富的空间想象能力，但是学生的空间想象能力是参差不齐的。一般情况下，对事物的抽象思维需要建立在形象思维之上，教师在教学过程中要下大功夫帮助学生建立空间想象能力。在传统的教学中，教师往往借助教具模型通过语言的阐述帮助学生理解，但这些模型往往是静止的或不连续的，学生对知识的掌握缺乏完整性，在某一个环节中可能出现知识断层。而微课可展示或模拟地理事物的整个形成和发展过

程,使学生直接观看地理事物演变过程,这是任何语言都无法达到的效果。因此,地理微课降低了学生的学习难度,同时使教师从单纯的知识传递者、讲授者的角色中解放出来。

(2)地理微课教学易于对比区域环境差异

区域性是地理知识的一大特点。地球上的每个大洲、每个国家、每个区域在自然地理特征、社会经济特征及区域可持续发展方面都存在差异性。如何掌握区域特征及因地制宜地发展区域经济?这就需要区域之间进行比对,抓住区域特征的核心内容。比较法是学习地理的重要方法之一,对学生而言有用而高效。由于区域的辽阔性和复杂性,再加上学生整合区域特征的能力有限,学生遇到区域地理问题时就感觉无从下手,更谈不上比较后的信息提取。这就需要教师借助网络整合区域信息,帮助学生对比区域差异。教师可以选取具有相似性的两个区域,整合地形地貌、水文、气候、土壤、植被、人口、城市、农业、工业、交通运输等要素的材料(主要是各种类型的图片),加以比较,然后因势利导地找到区域发展方向。比较区域差异时,可选区域范围广,每个区域的信息量大,微课可融入大量的信息,拓展学生的视野,是传统地理教学无法达到的。

2.实现可视化、趣味化、生活化,提高地理学习的高效性

(1)满足个性化需求,激发地理学习兴趣

高中地理学科知识存在三大特点:综合性、趣味性和生活性。其内容主要包括自然地理、人文地理和区域可持续发展三大部分。每部分各有自己的特点:自然地理抽象不易理解;人文地理与生活生产相连,实践意义强;区域可持续发展是地理教学之根本,在提高全民地理环保意识方面有重要的作用。因此,

高中地理教学要充分展现地理学科的特点,让学生在快乐的学习过程中既能感受地理知识的博大精深,又能感受到地理知识的学有所用。

近几年来,随着信息技术的广泛应用,教师在课堂上借助多媒体课件,利用大量的视频动画展示地理事物的发生和发展过程,利用大量的图片让学生感知地理事物的存在和差异,极大地丰富了地理课堂。在借助课件传递给学生大量信息的同时,教师又遇到另外的问题,即在课堂上的演示转瞬即逝,不同的学生接受的程度不同。学生课下复习及课前预习大多是习题,缺乏针对性和趣味性。如何让学生课前、课上与课下的学习更高效?实践发现,借助微课教学可以延伸地理课堂教学,学生可针对自己的情况适时观看微课,满足个性化的需求。

课件是静态的,没有教师的讲解,学生无法利用课件学习。与课件相比,微课更能激发学生学习兴趣。在微课中,教师可以通过动画、图片、音乐、文字、语言等多种方式将自然与社会、理论与实践、知识与生活融为一体,使综合性、抽象性、广泛性的地理知识变得趣味化、可视化、生活化。

(2)学生看图更直观,析图更高效

地图是地理知识的一种形象、直观、综合的表达,也是地理学科独有的一种语言。地图中包含了众多显性和隐性地理知识,许多地理特点、规律都可以通过观察、分析地图得出。在传统的地理教学中,教师往往利用地理图册、课本或课件插图指导学生看图。但是教师指导看图时,由于距离学生远或语言表达欠缺,学生不能紧紧跟随,当学生还没有找到信息点时,教师已经走到下一环节,于是读图的效果就大打折扣。而观看地理微课,学生距离地图很近,教师利用手写板在图的重点信息上进行标注,学生看得清、看得准,然后利用图上信息进行分析、迁移,问题即可迎刃而解。因此,利用微课教学,学生跟随教师看图更直观,析图也更高效。

(二)基于信息技术应用的地理微课教学的可行性

地理微课教学是否可行取决于微课的特点及开发传播条件。微课以视频为主要载体,记录教师围绕某个知识点或教学环节而开展的教与学的活动全过程。微课不仅包括微视频,还包括与此相匹配的任务学习单。微课既不同于教学课件、教学课例、教学设计和教学反思等教学资源,又离不开这些资源。微课资源是在上述资源基础上继承和发展起来的,以流媒体为载体适合在线传播的新型教学资源。

微课的核心部分是微视频,微视频录制时间较短,最多不超过 10 分钟,且大多采用流媒体格式(如 mp4、flv、wmv),占用的空间较小,易于网络在线播放,也可以下载保存在终端设备上。微课内容短小精悍,围绕一个知识点或某个教学环节,中心明确,言简意赅。因此学生可利用生活中的碎片化时间灵活学习。

1. 信息技术在高中地理教学中的应用奠定了现代化教学技术基础

目前,随着教育现代化的推进,信息技术与学科教学不断融合,现代课堂教学发生了很大的变化。信息技术作为现代化教学的辅助手段,在高中地理教学中应用得更为广泛,这是地理学科特点决定的。很多地理教师通过多年的地理教学积累了大量的地理图片、地理视频动画,有的可以自己制作动画、拍摄实验。学校可以把地理组教师的资源进行汇集,构建高中地理教学资源库。只要将这些碎片化资源经过精心的教学设计,录制成可视化的系列微课,就可为微课教学提供充分的资源保障。

2.具备微课教学基础的教师的积极参与奠定了团队合作的基础

地理微课教学的前提是地理微课资源的开发,微课资源的成功开发可以令所有的教师受益匪浅。因此,每一位教师都乐意参与进来,大家各有所长:年轻的教师普通话说得好,可以配音;老教师乡音浓厚,但教学经验丰富,可以收集资源,设计脚本;骨干教师在资源开发中负责整体设计,统筹安排。近年来,教育行政机构及学校管理机构对教师不断实施信息技术能力培训,教师信息技术的应用能力都有不同程度的提高,收集网络资源、应用电脑软件开发教学资源已经不再是件为难的事。因此,依靠学校地理组全体教师开发地理微课资源是可行的。

3.互联网时代信息传播的迅速快捷为微课教学创造了可行途径

信息技术改变了人们的生活,几乎人人都有手机,网络已经成为人们学习和获取信息的重要途径。互联网时代信息传播的迅速快捷为微课教学创造了可行性。地理微课作为短小视频易传播,师生既可以依靠网络在线观看,又可以下载到手机、平板电脑等终端设备上学习。教师的"教"与学生的"学"不再受时间和地点的限制,现代化教学变得更加机动灵活。

目前,大多学校的教室内仅有简单的多媒体设备,如投影仪、音响、电子白板、电脑。经济发达地区的学校已经实现了教室内的网络覆盖,教育部在《教育信息化十年发展规划》一文中提道:在2010~2020年期间,我国各级各类中学要实现教育信息化和现代化,实现学校网络全覆盖。因此,各级学校在网络平台方面开始投资建设,为微课教学提供了更为广阔的平台。在一些学校的部分班级,家校联合已经为微课教学搭建了畅通的平台,学生人手一部平板电脑,班级内安装路由器,学生通过Wifi获取资源,利用自习时间自主学习。由此可见,地理微课的传播也具有可行性。

三、基于信息技术应用的高中地理微课资源开发

(一)地理微课主题选择

微课主题选择是微课开发的首要环节。微课主题决定了微课教学目标,不能受制于教材章节题目,需要教师根据学情选择某一较小的知识点进行讲解。杨波在《地理微课程如何开发与使用》中谈到,微课程主题选择非常广泛,只要是题材微观并通过教师调研学生学情,可以通过其自主探究学习完成的小主题内容,都可以作为微课程主题。也就是说,地理微课主题的选择具广泛性和灵活性。笔者认为,地理微课主题的选择除以上两点外,还要注意以下几点。

微课最大的特点是时间短,在短短的时间内不可能把一节课的知识讲解得面面俱到。微课要选取一节课中的一个小知识点,把这一小知识点讲明白了,就达到了教学的目的。比如在高中地理必修1自然地理中,每一节课都有许多知识点。针对每一节课可以录制多个微课。以地球的运动为例,地球的运动这一知识点包括大量的小知识点,如地球的自转、地球的公转、地

球自转的意义、地球公转的意义。但上述知识点也不能作为微课主题，要把这些知识点再细化为地球自转的方向、地球自转的速度、太阳直射点的运动与二分二至日的形成、黄赤交角的大小、昼夜现象与昼夜交替的区别、晨昏线的判读、时间的计算、时区与区时、昼夜长短的变化与计算、太阳高度的变化与计算等。在选择微课主题时，应尽量往最小级别的知识点挖掘，这样才能细致入微，讲深讲透。

微课的主题选择一定要围绕教学目标而定，主题定位要准，要选准教学中重点、难点、疑点、热点等。方向不对，努力白费。比如，影响农业的区位因素这一知识点的讲解包括多个概念：影响农业发展的主要区位因素、影响农业发展的自然因素、影响农业发展的社会经济因素、影响农业发展的主导因素、影响农业发展的限制性因素、影响农业发展的优势因素。如果制作微课时可选的微课主题较多，教师一定要搞清楚这一节微课到底是要讲清楚哪个概念或哪几个概念。如果定位不准，学生有可能越学越糊涂。

微课主题的选择不要受教材或其他教科书的影响和限制，只要能帮助学生理解知识，激发其学习兴趣，就要从"新"设计微课的主题，对知识点重构或整合。比如为了学习大气的保温作用，可以选择学生感兴趣的主题，如冬暖式大棚建设原理、月球上昼夜温差大的原因。再如，为了理解正午太阳高度的变化这一难点，可以选择"小区楼房影子的长短变化"作为微课的主题。

（二）地理微课教学设计

微课教学设计广义上包括微教案设计、微课件设计、微视频教学设计、学生任务学习单设计；狭义的微课设计往往重点是指微视频中的教学设计。本书重点分析微视频中的教学设计。微课教学设计受制于微课的教学目的。不同用途的微课教学方法有很大的差异。因此,在微视频教学设计前,首先要根据微课的用途进行分类。

关于微课的分类,不同的学者有不同的分类标准,得到的微课类型也不同。比如,按照课堂教学方法分为讲授类、问答类、启发类、讨论类、演示类、练习类、实验类、表演类、自主学习类、合作学习类、探究学习类。按课堂教学主要环节(进程)分为课前复习类、新课导入类、知识理解类、练习巩固类、小结拓展类。还可以根据微课教学的目的来分类。微课教学主要有以下三个方面的目标:一是帮助学生课前预习,提高自主学习的能力;二是帮助学生加深重难点的理解,提高学习效率;三是帮助学生课下巩固,拓展知识视野,提高灵活运用能力。本书根据教学目的把地理微课分为五大类型:新知预习微课、重点突破微课、巩固复习微课、习题解析微课、知识拓展微课。

一般情况下,无论哪种类型的微课,都包括导入、探究和总结三大环节。微课的类型不同,学生的知识基础不同,在教学过程使用的教学方法就不同。下面以案例分析的方法来阐述如何进行上述五种微课的教学设计。

1.新知预习类微课教学设计

新知预习微课的教学目的是帮助学生提前了解课堂重点内容,为课堂重点知识的深入理解、师生之间的合作探究做铺垫。因此,设计此类微课要针对学生原有的知识储备,唤起学生对已有知识的记忆,启发学生对新知的思考。由此可见,新知预习类微课在学习中起到承上启下的作用。所以这类微课选择的知识点要浅显易懂,学生自学能够掌握,采取的教学方法多为启发式和探究式。

2.重点突破类微课教学设计

重点突破微课是微课系列中最多的一类，也正是微课发挥作用的主要类型。微课的目的就是帮助学生掌握重点、难点,点拨疑点。学生不易理解的问题通过微课的巧妙设计便可迎刃而解。这一类微课的教学方法多样,主要有实验或动画演示法、推理演绎法、材料分析法等。

3.巩固复习类微课教学设计

微课教学在复习巩固中发挥着重要作用。这类微课设计的重点在于帮助学生构建知识网络或知识结构,点拨易错点,分析易混点等。微课教学内容的选择要源于课堂内容,但要高于课堂内容,教师要根据课堂反馈或教学经验捕捉学生学习中产生的困惑,整合教材或课外知识,对微课内容进行设计。

4.习题解答类微课教学设计

目前学生学习的效果往往要通过解答试题的正确率来判断。因此对学生来说,掌握习题解答技巧,提高习题解答的正确率非常重要,毕竟在考试中要以分数论英雄。

在地理学习中,很多学生做题很多,但总结能力差,遇到同一类问题不会触类旁通、灵活应变。而课堂时间有限,教师不可能把学生做过的题目进行分类汇总。为了提高学生的做题效率,教师可以制作习题解答类微课来解决这一问题。教师要首先对试题进行归类,然后点拨同类试题的答题技巧,帮助学生触类旁通,跳出题海,减轻作业负担。

5.知识拓展类微课教学设计

现在的高考越来越趋向于考查学生能力，主要侧重考查学生对所学知识理论的灵活运用。因此在教学中，教师要开拓学生视野，把学生所学知识理论与生活案例相结合，达到学以致用的目的。知识拓展类微课就是帮助学生增加知识储备，开阔视野，在考试中厚积薄发。所选题材源于生活现象、其他版本教材的教学案例、新闻热点、常考考点等。此类微课的教学方法主要运用教师讲授法。

四、对地理微课教学的评价

(一)增强地理学科魅力，激发学习兴趣

与其他学科相比，地理学科的生活化、趣味化较为凸显。学习身边的、生活中的地理，服务于生活和生产，从生活中来到生活中去，学有所用，是地理教学的最终目的。地理微课教学融视频、动画、故事、实验、图片于一体，体现了地理学科的无限魅力，激发了学生学习地理、探究地理奥秘的欲望，培养了学科兴趣，极大地调动了学生的积极性。

(二)浓缩地理知识精华，提高学习成绩

每一节地理微课都经过教师深思熟虑、字斟句酌、反复修改。地理微课属于浓缩的知识精华，通过精心的教学设计，让学生接受新知、理解难点、巩固重点、拓展视野，虽然时间短，但经典且高效。地理微课教学化繁为简、化难为易，减轻了学生的课业负担，培养了地理兴趣，提高了地理成绩。

（三）开发地理微课资源，丰富学科教学素材

在地理微课教学实践中，为了开发地理微课，笔者成立了名师工作室，吸收我校地理组骨干教师组建地理微课团队。首先根据所教年级分队，再根据知识板块分组，在同一知识板块中又根据微课类型分配到人，形成地理微课开发梯队。在一年多的时间中，大家各尽其责，已经开发出适合我校学生的地理微课系列资源，为我校下一步大规模的实施地理微课教学提供了丰富的教学素材。

（四）促进教师专业成长，提高学校教学水平

开展微课教学，要求教师有较好的教学基本功，具备一定的心理学基础和较高的艺术修养，运用现代信息技术的能力较强。青年教师喜欢接受新事物，学校应对这一批教师开展计算机应用能力培训，使之达到熟练应用和制作微课的程度，然后在每个学科组内分小团队帮扶，这样不但能提高教师信息技术应用能力，而且有利于学校学科教师的专业成长，从而整体提高学校教育教学水平。

第二节　微课在地理教学中的应用

一、微课在地理教学中应用的必要性与可行性

（一）地理微课实施的必要性

首先，现代教学采用大班授课形式，学生的学习态度、学习兴趣、学习成绩、学习水平和综合素质都存在较大的差距，教师难以统一授课步调，经常会出现学生跟不上授课节奏的现象。在预习、总结、复习、练习等环节中应用微课，学生可以自定步调，按自己的水平能力学习知识。其次，传统的教学方法存在无法调动学生积极

性的问题,学生在课堂上难以集中注意力,难以消化吸收知识点。而微课时间短,内容单一,运用多元形象的视频形式,能够调动学生积极性,使学生注意力集中,更易理解知识点。再次,自然地理在高中地理中占据着举足轻重的地位,很多知识点只靠语言讲解是远远不够的。学生就算在课前做足了准备,但也会因为知识点很抽象而难以理解和记忆。而微课可以使抽象的知识点变得形象,有利于学生的理解与记忆。最后,地理中的某些知识点要借助"图"这一工具才能被理解,图是学生掌握地理知识点最直观的方法。大部分学生的读图能力相当有限,更不用说自己动手绘图了。很多学生在学习地理知识时还在采用死记硬背的方式,这不但会不断降低其学习地理的兴趣,还不易于其提升地理成绩。而微课可以很好地解决这一难题。

对于地理教育来说,毛泽东曾说:"不破不立,破则立,改革则生存,改革则发展。"地理教育改革是地理教育发展的永恒动力,地理新课程改革的核心理念是构建开放的地理课程,满足学生不同的地理学习需要,构建基于现代信息技术的地理课程,强调信息技术在地理学习中的应用。所以微课的应用是信息技术与地理教育的完美结合。微课的发展是现代教育发展的必然趋势,地理微课的开发对地理教育有着重要的作用。对国家而言,微课的成功将是新课程改革的新突破,有利于为国家培养新型人才。

对于学生来说,学习地理微课有利于满足个性化学习的需要。学生的学习能力存在明显的差异,根据掌握学习理论可知,学生成绩好坏的决定性因素并不在于智力,而在于学习的方法和学习时间。通过调查问卷我们了解到,学生在课堂上经常会遇到问题,在

第三章 地理与微课

遇到问题时有些同学选择求助他人，但是向别人求助并不能随时随地实现；有的学生则会放弃解惑，通过与这些同学的交流得知，大部分放弃的原因是不想向他人求助。这些问题都可以通过微课得到解决，地理微课视频短小精细，能够节约学生的时间；同时讲解够细致，能够保证学习效率，为学生提供多样化的学习方法。学生灵活运用微课，可以自主控制学习进度。

对于教师来说，微课有助于教师角色的转换。最近发展区理论提到，教师要充当学生学习的支架，指导学生学习，从知识的传授者转变为学生学习的指导者，充分尊重学生的主体地位。我们发现，学生在遇到问题时的第一选择通常不是问教师，这说明教师与学生之间仍然存在沟通上的问题。地理微课使学生不用和教师直接接触，但又达到了必要的教学效果，在一定程度上缓和了师生关系，加强了课下教师与学生的联系，改善了学生对教师的态度，从而建立起民主、平等、合作的新型师生关系。同时，微课有利于教师专业化水平和地理素养的提升。所以将微课应用在地理教学中是非常必要的。

(二)地理微课实施的可行性

微课辅助地理教学，一方面遵循了以学生为中心的原则，另一方面也是对教师教学的一种延伸。微课虽然不能在地理教学中起主导作用，但是利用微课教学辅助地理教学还是可行的。地理学是一门研究地球表层自然要素、人文要素及其相互关系的科学，不但研究地理事物的空间分布和空间结构，而且阐明地理事物的空间差异和空间联系。地理本身具有综合性、地域性、开放性、实践性的特点。在地理微课的制作中，可以充分考虑地域性，联系当地实际，制作生活化的地理微课。

地理课程中有丰富的实践内容,包括图表绘制、学具制作、实验演示、野外观察、社会调查和乡土地理考察等,是一门实践性很强的课程。但是在实际教学中经常会遇到外出实践受阻,学生对理论知识印象不深刻等问题。这时可以充分利用地理微课,将外出实践内容或实验过程等录制成地理微课供学生学习,加深学生印象。虽然微课的应用对地理教学有着重要的意义,但现阶段对于微课的开发仍然处于初级阶段,发展还不够完善,在发展过程中依然存在许多问题。

1.存在的问题

(1)地理微课资源严重不足,微课内容缺少针对性

在现有的微课网站进行地理微课视频搜索会发现,与其他科目相比,地理微课视频的数量明显较少,而且内容重复性较高;教学内容主要集中在自然地理部分,人文地理部分的相关知识较少。另外还有一个重要的问题,由于我国地理教材并没有统一,许多省市所用的教材版本并不相同,区域化明显,所以现在网络上的地理微课资源对于学生学习的实用性并不强。如果以市区的某一优秀高中的水平建立地理微课资源,那么对于区县学生来说学习起来就可能会有困难。所以应该提倡教师根据自己班级、学校的实际情况建立个性化的地理微课资源。

(2)教师的制作技术水平不高,设备有限

教师的制作技术水平不高,设备有限,阻碍了微课的进一步发展。对于一线教师来说,他们鲜少接触地理微课是由于制作问题或设备不够齐全。这些专业技术和硬件条件成为制约地理微课进一

步发展的重要因素。

（3）支撑微课教学的平台不够广泛，学生对微课学习还不够了解

我国目前较大的微课平台包括微课网、优课网和中国微课期刊网等。从调查中了解到，一线教师对微课了解较少；而从对学生进行的问卷调查中也发现，60%的学生没听说过微课，所以对上述三个网站了解得很少。由此可知，地理微课的教学平台太过于局限，微课视频的支撑平台需要扩大，将地理微课渗透到学生所熟知的软件平台中去，使学生对地理微课有更多的了解。

（4）教师制作微课的意识和能力有待提高

不少一线教师教学任务繁重，很少有时间去了解微课，加之地理微课出现的时间比较晚，因此，这种教学方式就被忽略了。但一线教师最了解教学本质，而且教学经验丰富，地理微课的教学主力依然是他们，只有他们才能制作出个性化的微课课程。

要充分发挥微课在地理教学方面的作用，改善学生的学习能力。实现微课与传统教学活动的充分结合，关键就在于让广大师生弄明白它是什么，利用微课之后能给课堂带来何种变化。这样才能使广大学生接受它，使教师主动应用它。教师之间还要善于分享彼此的微课使用经验，通过对比分析找出自己开展微课教学的优缺点，并积极改进，这样才能充分发挥微课的价值。

（5）制作微课的素材资源短缺

在制作微课视频时，教师要结合教学目标和课本内容在海量的教学素材中寻找，这难免会导致教师花费大量的人力、精力。很多地理教师一人要带很多班级，每个班级的学习情况又不尽相同，加上教师还要兼顾科研方面的工作，很多教师都无法制作出满足学生个性

化需求且贴近地理课本的微课视频。

（6）微课定位不准

微课是否适用于不同地区、不同学校的地理课堂呢？根据微课自身特点可以看到，其应用范围是有限的，在讲解重难点知识时，微课可以发挥其作用，提高教学效果，但是遇到理论性知识点时，如概念、定义，微课就不适用。微课只能用来梳理烦琐的知识点。这就要求教师在使用微课时要注意选择、甄别，不能滥用，要结合教学内容的特点合理转换教学方式。

2.针对以上问题提出的合理化建议

（1）加大地理微课资源的建立，增强地理微课的实用性

考虑到地理微课资源数量少、内容不够丰富的特点，可以鼓励教师针对自己所教授班级的进度和水平，建立适合本班学生学习的地理微课，满足不同学生对地理知识的学习需求。在个性化的地理微课逐渐形成规模后，应鼓励教师将优秀的微课视频进行评选、公开。一方面，对优秀的地理微课视频予以奖励，加强教师微课制作的积极性；另一方面，可以促进学生利用更优秀的学校教学资源，最大限度地帮助学生提高学习效率。

（2）教育部门加大对微课的扶持力度，组织教师利用假期等时间进行专业指导

一个新的教学理念的实施离不开教育部门的支持，地理微课的发展同样如此。我国的基础教育正在逐步加强对学生进行现代信息技术教育，微课正是教育与现代化信息技术的结合。加大对微课教学的扶持力度，也是响应新课程改革发展的要求。教育部门可以利用休息或假期时间，对教师进行相应的微课制作培训，加深教

第三章
地理与微课

师对微课的了解,从而有助于教师专业化的发展,同时也有助于教师专业素养的提升。另外,对于微课制作的相关设备,也需要国家及学校进行配备,以减轻教师制作微课的负担,增加教师微课制作的积极性。

(3)加大对地理微课的宣传力度,扩大微视频的支撑平台

鉴于我国微课平台较少,建议可以适当地扩大微课平台的范围,有效利用大众所熟知的 QQ 平台、微信平台、微博平台等,提高地理微课的知名度,增加学生了解地理微课的途径,让学生在课余休闲娱乐的时间也能进行学习,使地理微课能够真正地帮助学生学习,有效提高地理微课的应用率。

(4)发挥集体作用,提高教师教育技术能力

微课的科学性和严谨性可通过集体备课充分体现出来。在开学前,备课组长可通过集体讨论的方式将不同的课题分配给相应的教师,然后通过讨论让教师发现彼此微课中的优缺点,通过备课组内公开实践的方式,筛选优秀微课教学资源,供其他教师使用,保证教学效果。这一方面可以保证设计的时代性,另一方面又能充分凸显出对微课的钻研与研究。除此以外,教师在设计微课时,要主动关注最新的新闻要点,同时要确保微课覆盖了教学内容的重要知识点,以防出现本末倒置的情况。当备课组长将某个单元的教学内容安排给不同的组员之后,一个原本复杂且庞大的教学任务就被分解成为一个个子系统了,最后分配给每一个教师的课题就不会那么复杂了,这不仅可以集教师的力量解决一个复杂的课题,还能为教师节省很多宝贵时间。

教师如果想制作一个优秀的微课,必须具有较强的教育技术

能力,不仅要学会基本的软件操作,如 PowerPoint、Flash 软件的熟练应用,还要学会使用录像机或能够合理使用自动录播教室,注意在录制之后的修改编辑。

(5)建立全国范围内的微课资源库

微课仍然有很大的发展空间。近两年关于微课的比赛层出不穷,成果也非常显著,但是这些优秀的资源没有统一规划。应该建立全国范围内的微课资源库,将全国的优秀微课视频集中起来,不仅可以让教师之间交流经验,为教师教育技术能力提高提供最前沿的对比,还可以让教师在微课资源库中合理利用他人的微课视频,节省时间,使优秀微课的作用得到最大的发挥。

(6)正确应用微课,摒弃生搬硬套

在教学实践中,教师需要根据教学内容选择设计微课的类型。这不仅可以考察教师的基本功情况,而且还能让更多的教师了解微课在教学中的地位和价值。根据以往经验,应用微课要注意选择教学内容的范围,不同的内容对应不同的微课类型,不能生搬硬套。有些教师对微课产生依赖心理,没有切实考虑到教学内容是否匹配微课,影响教学活动的正常开展。

(三)结论与展望

随着现代社会的发展,信息技术开始不断地对教育领域发起冲击,面对教育信息化改革的发展要求,微课逐渐在教育领域崭露头角。为了弥补传统课堂教学的缺陷,应将微课引进地理教学中,用以辅助地理课堂教学,满足学生日益增长的学习需求。

首先,笔者通过文献研究法对微课的国内外研究现状进行了分析研究,发现微课在国内发展中仍处于初级阶段,研究方向还不够深入全面,微课资源比较缺乏,发展并不成熟。

其次,笔者通过对调查数据进行分析总结得出,微课辅助地理教学是必要的。必要性体现在地理教育、学生和教师三个方面。对于地理教育来说,微课有利于顺应地理新课程改革的需要,构建开放的地理课程,有利于信息技术在地理教学中的应用;对于学生来说,地理微课有利于满足学生个性化的学习需要,实现学习方法的多样化,使学生有效利用学习时间,提高学习效率;对于教师来说,微课有利于教师角色的转化,建立新型的师生关系,提高专业化水平和教学效率。

最后,微课辅助地理教学是可行的,但是由于微课发展并不成熟,所以现行的微课仍然存在一些问题:一是地理微课资源严重不足,微课内容缺少针对性。不论是从地理微课的数量上来看还是从质量上来看,其都存在明显不足,微课内容也比较集中,不够广泛,针对性不强。二是教师的制作技术水平不高,设备有限,阻碍了微课的进一步发展。教师对微课了解不够,缺乏专业的技术培训和设备支持。三是支撑微课教学的平台不够广泛,学生对微课学习还不够了解。目前的微课平台有限,还未建立统一的微课平台,宣传力度及实施力度都不够,所以学生对微课的认识不足。针对上述存在的问题,结合中学地理教学实际,笔者提出以下合理化建议:一是加大地理微课资源的建立,增强地理微课的实用性。可以实行适当的奖励政策鼓励教师设计制作微课,丰富微课资源,促进微课资源的整合。二是教育部门加大对微课的扶持力度,组织教师利用假期等时间进行专业化培训。国家给予相应的技术设备等支持,提高教师制作微课的积极性。三是加大对地理微课的宣传力度,扩大微视频的支撑平台,增加教师与学生了解微课的途径,有效利用学生熟知的软件等进行宣传和学习。

二、微课在初中地理教学中的应用

国内微课研究的先驱胡铁生经过一系列的课堂教育实践研究,总结出微课程的特征主要是"短小精悍,主题突出,情景真实,易于扩充"。李玉平的关注点在于微课中核心视频的呈现,他认为微课的视频应该由文字、音乐、画面三部分组成,这种视频具有很强的吸引力,能够引起学生的学习兴趣,吸引学生的眼球,引发学生的思考。综上可知,微课具有两个显著特征:一是以微视频为主;二是"微"。这里的"微"主要是微小,学习者可以通过移动设备实现随时随地的学习。另外,张一春总结的微课的四大特点如下:一是"位微而不卑"。微课虽然形式上比较短小,但它意义重大且有效,是一种非常重要的教学资源。二是"课微却不小"。微课虽然短小,但它的教学意义非常重大,更易吸引学生的注意,有时一个微课比几节课都有用。三是"步微效不慢"。微课都是遵循小步子原则,一个微课讲解一两个知识点,看似很慢,但稳步推进,实际效果并不慢。四是"效微力不薄"。微课有积少成多、聚沙成塔的作用,通过不断的微学习,积累大量知识。

(一)初中地理微课教学现状分析

1.初中地理教学课程目标与内容分析

初中(义务教育阶段)开设地理课程的目的主要是使学生认识自己所处的生存环境,提升自己的地理科学素养,进一步提升自己的品位,对所处的环境有辨识力;培养学生正确的价值观,发展学生应对环境问题的能力。

学习对生活、对终身发展有用的地理知识,并构建开放的地理课程是初中地理课程的基本理念。其中,最重要的是后者——构建开放的地理课程,在这一理念下,地理课程呈现出多元化的发展趋势,各种知识都可以加入地理课程中,极大地丰富了地理课程资源,对学生创新意识与实践能力的培养大有裨益。微课的实施正好契合了这一理念。

初中地理课程的总体目标如下:掌握基础的地理知识;获得基本的地理技能和方法;了解环境与发展问题;增强爱国情感,形成可持续发展观念及全球意识。初中地理课程由地球与地图、世界地理、中国地理和乡土地理四部分构成。

2.初中地理微课教学存在的问题

(1)初中地理微课认识上的误区

误区一:课堂实录就是微课

微课作为新生事物,很多人都不了解,会误认为课堂实录就是微课。笔者通过查阅各种文献资料得出,微课与课堂实录是有本质区别的,具体表现如下:首先,在时间上两者差异巨大,微课多数不到10分钟时间,内容少,数据小,以"微"见长;而课堂实录则是长达一节课的视频资料。其次,从功能上来说,微课是以满足学生自主学习需求为目的的,同时也是教师为了学生能够更好地实现自主学习而提供的学习资料,也就是教师为学生提供的知识支架;然而课堂实录则只是上课过程的再现,往往以文件资料保存为目的。最后,从内容上来说,微课中的视频内容是由教师自编、自导、自演完成的,并不像课堂实录有学生的全程参与,课堂实录包括课堂教学的各个环节。

误区二：微课等同于微视频，过分重视教师的教，忽略了学生的学

前文在提到微课的定义时就已经强调过，微课的确是以微视频为核心的，但并不是说微课就只是微视频，微视频是微课的重要组成部分并不是其全部。郭春喜在《给地理微课把把脉——地理微课的几个认识误区》中明确指出，微课的内容除了包含视频这一核心内容外，还应该考虑学生的学习，毕竟学生才是观看微课视频的真正主体，所以微课除了视频以外还应包含针对学生学习的学习指南、学习任务和学习评价等方面的内容。这些内容都可以通过自主学习任务单的形式展示给学生。自主学习任务单作为学生开展学习的支架，它的设计应贯彻任务驱动、问题导向的原则和方法，主要由学习指南、学习任务、学习评价三部分组成。

一般来讲，课题名称、达成目标和学习方法建议组成了学习指南。这部分的主要目的是让学生对自己将要进行的学习有一个大体的印象，也就是在脑海里明确自己要通过视频学到哪些知识、达到什么程度、如何去实现学习的目标。学习任务是通过学生观看微视频来实现的。学习评价则主要包括自主评价和困惑建议，学生通过做微习题来了解自己学习的效果，完成自主评价。其中值得注意的是，微习题在设计上要有针对性与层次性。困惑建议部分主要用来记录学生自己的疑惑之处及教师的建议。

误区三：微视频的制作非常复杂，需要专业教师的指导，一般教师难以完成

对于新兴事物——微课，许多教师都局限于耳闻阶段，只是听说过而已，制作微课的教师那就更少了。之所以出现这种情况，主要

第三章 地理与微课

因为教师的计算机水平有限,对于需要一定计算机水平的新鲜事物不敢冒然尝试。

(2)初中地理微课行为上的误区

误区一:过于重视微视频的制作技术

教育教学领域的微课热潮使得许多一线的地理教师花费大量的时间和精力去制作微课，然而每个学校教师都具有多重的身份和角色,在每个身份和角色下都有很多的任务去完成,花费大量的时间去制作辅助教学的微课是得不偿失的。这就要求教师分清主次,研究微课、制作微课都需要在保证课堂教学的前提下去完成,关注自己的教学行为,关注学生的内心变化,使自己的课堂更加有魅力,而不是只关注微课的制作。即使教师微课制作水平很高,但离开了课堂,缺少了学生的关注与热情,那这个教师也是失败的。

误区二:明为减负实则增压

在一些地区的中考中,地理并不是考试科目,只是作为考查科目出现。因此,学生们需要在中考科目(语、数、外、理、化)上花费大量的时间。这时如果再去布置很多地理微课让学生观看,去预习、复习教学内容,会使学生和家长产生抵触情绪,对他们而言是一种压力和负担。

(二)基于微课的初中地理教学内容开发与设计

1.微课开发设计的原则

(1)以学生为本原则

微课主要的观众是学生,因此,在设计微课时应该把学生作为主体,注意培养学生的多方面能力。教师的教学应先考虑学生的实际情况(学习类型、前面知识的铺垫、学习能力等),并以此作为教学的出发点;在教学内容涉及考点、易错点时,要采用多种方法强调并突破它们,主动设问,引导学生以地理的思维来思考问题。初中地理属于应用自然科学与人文科学交叉的学科,有着其独特的教学思维,因此,可以通过微课这一形式来培养学生的地理思维。

(2)目标指向性原则

目标指向性原则也可称为目标导向性原则,主要指以教学目标作为整节课的统领,所有的教学环节及过程都是为了实现教学目标而设计的。要想使学生在几分钟的微课内始终将关注点聚焦于某一问题,需要教师深入研究课程标准及教材,对一节课的目标要有明确的定位。因此,微课的设计要注意简洁精练,尽量避免带入无关因素,以免影响目标的实现。

(3)注重知识衔接与过渡原则

注重知识的衔接与过渡指教学内容的选择要考虑到学生的现有知识储备与新学习内容之间的区别与联系,补充相应的知识,构建支架,帮助学生更好地学习新知识。这就要求微课的设计应该以学生的身心发展规律为基础。然而,教师往往以自己的主观意识来判断学生对知识的掌握情况,不够科学合理,必然导致有的学生出现知识断层。因此,教师在设计微课时要考虑到知识之间的衔接与过渡,提供必要的辅助知识来帮助学生更好地学习。

2.初中地理微课的开发过程

(1)内容选取

内容选取得好,微课就成功了一半,所以说内容的选择非常重要。微课要想成功,必须有明确的学习目标及学习内容。一般而言,一节成功的地理微课往往只是用来说明某一地理知识点。因此,选取合适的地理知识点尤为重要。到底什么样的知识点才能够用来制作微课呢？

第一，知识点应明确。一般是以课堂教学中的重难点作为微课的主要内容。在选取知识点时要注意知识点之间的联系与过渡，分析学生的知识基础，将要学习的知识点进一步细分成若干小的知识点，一一击破，为微课的微设计打好基础。

第二，知识点应有典型性。因为所选取的知识点是微课设计与制作的核心，所以需要选取典型的知识点。只有典型的知识点在教学中才具有更大的应用价值，才能更好地发挥教师的引导作用，对学生的学习帮助才大。

（2）资料收集

在选好知识点，确定了微课内容之后，就到了收集资料的环节。资料的收集对微课的成败至关重要。通常情况下，微课的资料是怎样收集的呢？收集资料主要通过互联网和教师自行设计与制作两方面来完成。应注意以下两点：一是紧扣微课内容，二是注重资料的实用性、完整度。收集的资料应实用且贴合实际，提高课堂效率。

（3）资料整合

完成了内容的选取和资料收集后，第三步就是对所搜集的资料进行筛选整合。这一步是关系到微设计撰写质量高低的关键，需要注意两点：一是根据知识的内在联系性优化教学内容。由于微课基本就某一知识点展开，具有时间短的特点，为了使微课更具有针对性，也更容易使学生接受，需要将知识点和资料内容进一步进行筛选、优化、重组，保证搜集到的资料与教学内容更有共同点。二是应当符合学生的认知特点。初中生在认知方面的发展有了许多新的特点。首先表现出来的是认知的有意性和目的性有了较大的提高,能够自觉地感知与教学相关的事物。总之,初中生认知在目的性、精确性、概括性和持久性等方面有了明显的进步。因此,资料的整合要以符合学生的认知发展规律为前提,结合实际,以保证微课提供的资料有利于学生的高效学习。

（4）撰写微设计

撰写微设计前,教育者先要对教学素材进行筛选加工。微设计是微课视频录制的前提和依据，对微视频的录制来说是至关重要的环节。它涉及学生对学习内容的掌握程度,教师应该在撰写微设计时关注以下四点。

第一,微课主要面对的是学生,在撰写微设计时要考虑学生的认知发展水平和心理发展规律。

第二,把握好"微"的度。微设计的撰写应以一个知识点为切入点,而不能按照常规的教学设计形式进行编写。

第三,注意语言的规范性。传授知识的主要途径是语言,学生掌握知识的多少与教师语言的准确性密切相关，所以编写微设计时应该尽量使用专业、规范的地理专业术语，表述时尽量简明扼要,避免使用口头化的生活用语。

第四,注意环节的完整性。俗话说:"麻雀虽小,五脏俱全。"即使微课只有短短的几分钟，但微课也是一节课,不能省略任何环节,应该注重环节的完整性。所以在编写微设计时,要按照常规课的要求进行设计,导入、讲授、总结、测评一个环节都不能少。

（5）微课的录制、后期制作处理及上传

微设计撰写完成后，微课的制作就剩下最后的步骤了，即录制、处理、上传。在这一环节中需要注意这四点：一是准备好录制仪器。二是在录制地理微课的时候，要与话筒保持适当的距离，如果距离太近，很可能出现破音；如果距离太远，很可能声音会比较小。三是当录制视频时，我们应该关闭门窗，与外界隔绝，尽量避免受到外界环境的干扰。四是要控制好视频录制的语速。为了使学生能够跟上课件播放节奏，语速不应过快；当然为了避免课件显得不连贯，语速也不能太慢。当微视频录制好后，可能会出现各种不同情况的噪声，这时候就需要我们消除噪声、处理噪声，可以利用相应的音频处理软件，进行后期处理。完成后上传至相应的网络平台，供学生观看学习。

3.初中地理微课教学的应用模式

根据中学教育的教学观、教育观、课程观和发展观要求，从素质教学出发，微课在初中地理课堂教学中的应用模式可以概括为以下三种：课前预习模式——先学后教；课中学习模式——边学边教；课后复习模式——学后再补。

（1）课前预习模式——先学后教

将微课运用在课前的预习阶段，依据学生的学情制作一份自主学习任务单，做好学习计划，对课前的知识点进行详细概括和说明，使学生对本课内容有一定的基础了解。这样做的话学生就会对所要学习的新知识中的难点进行重点预习，从而提高学生的课余时间利用率，使学生提前感受学习氛围，提高学习的效率，这也正是高效课堂的前提。

（2）课中学习模式——边学边教

在这一模式中，微课仅仅是作为教学资源引入课堂的，从而达到辅助教学的目的。它不同于先学后教和学后再补这两种模式，这种微课视频是课堂的一部分，可以用在导入环节，也可以用在学习新知阶段，当然也可以用来对整堂课进行总结。这一模式主要存在于乡镇农村中学寄宿制学校中，并成为这类学校的微课运用的主流模式，因为学生大多住校，不具备微课运用的软硬件条件。

（3）课后复习模式——学后再补

所谓的学后再补，主要是指如果学生在课上没有掌握某个知识点，那就可以利用课后时间不断观看这个知识点的视频，直到弄明白。这很好地利用了微课可重复再现的特点，对学生的课后复习效果很好。同时学习时间和空间也比较灵活，具有较强的灵活性和自主性。它是课堂教学不可缺少的重要补充部分。

（三）微课在初中地理课堂教学中的应用反思与对策

1.微课在初中地理课堂教学中的应用反思

（1）一线地理教师要有意识地去制作、运用微课

与普通教师相比，一线地理教师在制作微课方面有很大优势，他们经验丰富，对地理学科的知识点、考点、易错点、难点把握到位，而这些正是制作微课的基本内容。然而现实情况是一线地理教师的大多数时间都被繁重的教学任务挤占，基本上很少有时间去制作微课，这就要求一线的地理教师要有制作微课的意识，努力克服各方困难去制作并运用微课。

地理微课的实行对地理教师提出了更高的要求。地理教师需要有更高的专业敏感度，对哪些内容适合使用微课教学要做到心

中有数;需要有更强的课堂掌控力、更高的教学设计能力。除此之外,地理教师还必须具有较强的信息教育技术能力,要学会使用手机、录像机,或能够合理使用自动录播教室;还应该学会基本的软件操作,如 PowerPoint、Flash、Camtasia Studio、会声会影等软件的熟练应用,注意在录制之后的修改编辑。

（2）部分教师安于现状,微课教学难以落实

现在部分教师对微课的认识还存在一些误解,认为微课只是教育教学领域掀起的一股短时炒作之风。他们大多安于现状,对轰轰烈烈的微课研究置若罔闻,对微课这种新的教育教学形式有一定的抗拒心理。再者,微课的兴起主要源于行政部门自上而下的行政推动。很多微课开发的主要目的是参加比赛或是完成一定的行政任务,而并不是为了解决教师所遇到的实际教学问题,也正是基于此,微课教学并未得到一线地理教师们的广泛认同,微课教学也就难以真正地落到实处。

2.微课在初中地理课堂教学中的应用对策

（1）加强培训,更新观念,提高中学地理教师制作微课的能力

地理微课的开发与制作主要靠教学一线的地理教师,但目前一线地理教师受理论水平和教育技术等方面的影响,积极制作微课并将微课应用于教学实践的内在驱动力不足。每年暑假都会有远程研修培训,可以利用这样的机会对地理教师进行系统化的培训。在培训中主要针对微课的设计理论、理念、策略、方法和模式等对教师进行培训,同时播放优秀的地理微课课例,这将促使教师的微课制作水平迅速提高。

（2）加强合作，促进区域内微课资源库的建设

近年关于微课的比赛层出不穷，在比赛中也涌现出了很多优秀的微课资源，但是这些优秀的资源没有统一规划，淹没在数以万计的微课中，所以在用时要找到这些资源比较费时费力。针对这种情况，应该在区域范围内建立微课资源库，分版本、分章节地将优秀的微课视频集中在一起。这样的话，教师就可以根据自己所教学生的实际情况在微课资源库中选择合适的视频，使优秀的微课资源能够更好地服务于教育教学。

（3）提高中学地理教师的多媒体技术运用能力

多媒体技术在提高学生学习兴趣、调动学生积极性、活跃课堂气氛等方面有着不可替代的作用，所以对于绝大多数中学地理教师来说，提高多媒体技术运用能力是非常有必要的，中学地理教师必须意识到这一问题，同时通过多种途径提高自己的多媒体技术。现在面临的问题是，中学地理教师的多媒体技术水平普遍不高，尤其是在一些农村中学这种现象更加严重。因此，提高中学地理教师的多媒体技术运用能力势在必行。

（4）不断完善和改进多媒体教室的硬件设施条件

随着我国经济发展水平的不断提高，国家越来越重视教育，对基础教育的投入也逐年增加，各级各类学校的多媒体硬件设施建设也日趋完善。电子白板在广大的城镇学校已经普及，甚至有的学校多媒体数字化一体机已经实现全覆盖，并建成了高标准的全自动录播室，这为中学一线的地理教师实施微课教学提供了很好的硬件条件。

（四）小结

微课作为一种新生事物近年来发展迅速，许多一线地理教师都投入微课的研究与制作中，希望借此给自己的地理教学生涯注入新鲜的血液。笔者在研究的过程中对微课与初中地理高效课堂有了更加深入的认识。

1.微课的引入改变了传统的学习模式，大幅提升了学生的学习兴趣

传统的地理课堂就是教师讲、学生听，"满堂灌"式的教学模式已经不能适应当前的教育发展趋势。如今社会对教育提出了更高的要求，要求以学生为本，因材施教，倡导和谐教育，要求因学定教。微课的兴起正好适应了这些要求。学生的学习空间得到了扩展，只要有时间和手持移动网络设备（智能手机、平板、上网本等）就能实现随时随地的学习，对于学生的预习和复习都很有效。通过微课，学生的学习成就感得以增强，大大提高了学生的学习兴趣。

2.微课可将复杂的地理现象形象再现，提高学习效率

传统的地理课堂时间有限，对于在课上没有掌握的知识点，尤其是一些复杂、难以理解的知识点，因为课堂过程的不可再现性，学生想补也补不上，导致知识漏洞的产生。如何避免这样的知识漏洞产生呢？微课很好地解决了这一问题。学生可以通过微课来进行课前预习、课中学习、课后复习等环节，对知识点进行深入理解，并且可以反复观看微课，实现反复学习，最终理解掌握。

3.微课不仅促进和发展了学生的学，还服务和提升了教师的教

微课也能促进教师的发展。教师为了准备一节微课必然会对学生和教学内容进行仔细深入的研究，搜集并整合很多材料，这在

无形中提升了教师的专业素养,扩宽了教师的知识面。同时,教师还会学习制作微课的基本方法,学习软件的使用,这在一定程度上提高了教师运用信息技术的能力,促进了教师的发展。

4.借助微课,活跃教学氛围

教学氛围会对整个课堂教学实践活动的实施与教学有效性产生极为重要的影响。轻松、愉快的地理课堂教学氛围,既可以调动学生自主参与课堂教学的积极性,又有利于提高学生学习的专注度。由于初中地理具有一定的抽象性,单纯依靠教师的板书无法让学生理解更多的地理知识与地理位置,进而也就无法达到预期的教学效果。微课所独具的"短""精""小"的教学优势,使微课既可以将更多的地理教学内容加以"浓缩",又可以提高学生对"碎片化"的地理知识的专注度,加速其对各种"碎片"的学习与记忆。同时,微课作为一种教学模式,能够培养学生自主学习、建构新知识的能力;使学生在轻松的学习氛围中,不断进行着新旧地理知识的交融与建构,进而达到有效提升学生学习效率的目的。另外,教师还可以借助微课将一些有趣味的地理故事与地理知识、概念加以有机整合,在活跃课堂气氛的同时,达到进一步提高学生地理学习兴趣的作用。但是,初中地理教师不可将微课教学模式作为课堂教学的主要方式,微课只能充当辅助性和补充性的教学模式。教师更应引导、鼓励学生自主学习,将微课的"碎片化"知识加以自主建构,形成属于自己的"新知识"。

5.借助微课,丰富教学内容

在"互联网+"背景下,各类网络地理教学资源也在不断增加、丰富。因此,初中教师也要及时对自身教学模式不断优化与创新,更要通过再学习、再培训来不断给自己"充电"。初中地理教师在全面丰富自己的教学知识体系时，也要结合教学大纲及教学内容，借助微课教学模式将更多的地理教学资源加以应用，以此来丰富课堂教学内容，让学生在课堂学习过程中能够学习、了解到一些教材中没有的地理知识。教师可以利用微课的形式将更多的地理知识进行"简要"教学，使学生能够全面了解、掌握更多的地理知识。教师也可以结合初中学生对地理的学习需求，制作成不同内容、不同难度的微课内容，让学生自主选择学习内容，进而实现"按需"学习的个性化教学，这对提高初中地理教学质量具有重要意义。例如，在"地球的运动"一节，教师可以利用微课将地球的自转与公转制作成动画，使学生能够更加直观地掌握地球自转与公转的方向、周期等；同时，还可以利用网络地理教学资源，将地球运动所产生的各种地理现象加以展示，如太阳东升西落、昼夜交替现象、时差现象、四季变化、正午太阳高度的变化。类似于这样的微课教学，既能够全面丰富学生的地理知识，又可以将更多的生活化问题引入"地理世界"中，使学生能够将地理知识应用到生活之中，去解释自己在现实生活中所看到的自然现象，这对提升学生地理学习兴趣与应用能力均具有积极的作用。

6.借助微课，创新课堂教学方式

众所周知，微课具有良好的"精""微"特性，因此，初中地理教师应充分利用微课来进行课堂教学模式的创新。学生受其自身学智因素、个性特点等的影响，存在着个体化差异，地理教师完全可以借助微课来进行差异化教学。教师可将不同的教学重点、教学难点加以分类，制作成具有不同教学难度的微课课件；在课堂教学过程中指导学生结合自身地理知识掌握情况来选择不同的微课学习内容;并对微课教学内容加以科学遴选,如针对优等生的地理知识训练,可以尽量引导学生对整体宏观的地理知识进行归纳梳理,指导学生进行逻辑性较强的习题练习,而针对学困生的教学,则应尽量以基础性地理知识来进行,使之掌握更多的基础知识或其自己感兴趣的地理知识内容,通过学生自身的学习体验来激发其地理学习兴趣;在全面实现差异化教学的同时,能够符合学生不同的学习需求,进而实现个体化教学,促使学生个性化发展的目的。另外,教师还可以借助微课为学生创设一些具有讨论性的地理教学内容,通过组织学生对各类地理问题的讨论来激发学生潜在的地理学习兴趣,使之在各类问题的讨论交流过程中,树立自主探究意识,学习、获取更多的地理知识,进而实现培养学生地理核心素养的目的。

三、微课在高中地理教学中的应用

微课作为一种新兴教学资源,已经在我国的教育环境中播下种子,并开始生根发芽。微课这嫩芽能否茁壮成长,成为高中地理课堂教学的新苗,还有待于各种实践与实证研究。在新一轮课程改革的背景下,随着国内微课资源的不断研究与开发,特别是优秀微课课例资源的共建及共享,微课与新课程改革理念日益融合,在高中地理教学中更具重要作用。

(一)微课在高中地理教学中具有重要作用

1.为教师个性化的教学提供有效资源和创新平台

(1)有效利用微课资源,才能够提高教师自身教学的效能和素养

在信息时代,教学网络资源内容全面且更新速度快,为教师的

教学提供了诸多便利,同时海量的资源也会带来很大困扰。教师没有时间观看如此庞大资源的所有内容,而且某些文件或视频经常看不到,很难有效地利用这些网络资源。由此导致部分教师产生不良习性,即随便下载个课件,最多经过简单加工,就可以变为己有。长此以往也就形成了"复制"的习惯,绝对无法造就一个有创造力和生命力的教师,当然也无法培养出有创造力的优秀学生。

然而微课量小、耗时短且针对性强,通常都是名师之作或一线教师的经典之作,可以为广大教师提供丰富的备课资源和高效灵活的学习资源,教师可以在较短的时间内找到自己所寻求的备课资源,从而提高备课效率。

(2)只有教师的创新意识才能创造出优秀课例

在微课的设计和制作过程中,教师不但是学习者,也是创造者。只有教师的创新意识和创新能力被激活,才能创造出富有个性且有实效的优秀微课,才能更好地服务于课堂教学以及提高教学实效。

例如,以"日界线"为主题,教师可以设计如下微课环节:环节一是"情境导入(生活实例)";环节二为"什么是日界线";环节三为"为什么有日界线";环节四为"怎么计算日界线两侧的日期";环节五为"小结提升(180°经线的地方时与全球新旧一天比重有什么关系)"。这节微课基于学情,由浅入深,环环相扣,逐步深入挖掘知识点的内涵,符合现在高中生的学习思维,能够引导他们积极进行思考和探究。

2.为学生自主学习提供实实在在的课堂实录和个性空间

课堂实录能够满足新课程改革背景下不同学生的不同需求,

能在一定程度上提高学生的自主学习意识。新课程改革倡导"先教后学""少教多学"等，但不管怎样，学生的学习总存在问题，尤其是自学，其主动性和独立性受到多种因素的制约。在地理学习中，学生自己最清楚哪种学习方式更能适合自己，最清楚自己对什么方面的知识更感兴趣，也最清楚自己学习中的困难。基于此，学生可以通过微课选择自己感兴趣的知识点，或者存在问题的难点，或者地理课中的薄弱环节等。无论是对提前预习还是对再次学习，微课都有很好的辅助作用。微课可以为学生提供自由学习的空间，同时学生可以灵活安排时间面对微课进行思考，也能对有疑问的问题或者感兴趣的问题重复观看或"暂停"观看，进行相应的思考。

3.微课能在一定程度上兼顾个体差异，为学生自主学习提供个性空间

在班级授课制下，教师"备学情"针对的是整个班级的大致学情，不可能兼顾个体差异，更不能兼顾全体学生的个体学情，最终很可能会导致尖子生"营养不良"，中等生"吸收不良"，以及学困生"消化不良"。

微课尊重学生的个性发展，可以为不同层次的学生提供不同的选择；微课是课堂教学的有效补充，能够使因材施教落到实处。例如，针对尖子生可以选取比较有深度的问题，促使他们深入学习、精益求精；而学困生对于不懂的知识点可以自主选择、继续完善。因此，微课可以满足不同类型学生的需求，让他们自主选择感兴趣或有重要价值意义的知识点，有针对地投入大量时间和精力进行思考和研究。

4.微课为课堂教学中的师生互动提供了客观前提和沟通纽带

微课有利于师生随时随地发现和学习，能够满足广大师生的学习需求,还能够使他们最大限度地利用好零碎时间,最主要的是有利于师生通过网络平台进行沟通。这样,学生遇到问题不用再碍于面子而不敢问教师;教师也可以及时地发现问题,进而有针对性地解决问题,以此改进教学方法与策略,不断总结,努力提升。

微课虽然在当下正如火如荼地开展着,但在我国目前的教育体制下,高中阶段的微课学习还不能成为学生学习的主流模式,只能作为课堂教学的有益补充,还需要理性思考,至少要对其进行合理定位。相信伴随着网络技术的发展,微课将有更广阔的应用前景。

(二)高中地理教学课程目标和内容分析

1.课程目标

高中地理学科的教学过程中包括较强的知识性内容与实践性活动,同时在教学内容中有着地理学科的趣味性。地理是一门同时兼具着自然学科与社会学科特征的学科。《义务教育地理课程标准》提出了有关教学方法的要求,即将地理教学内容传授给学生时需要灵活运用不同的手段来提高学生的学习积极性,注重对地理教学课程目标的设计,使学生在学习地理的过程中对地理产生浓厚的学习兴趣。

教师在教学过程中需要对教学设备有效利用,采取基本的中学地理教学方法与手段,在有限时间内达到最佳教学目标,使学生在地理课堂上发挥最佳学习状态,使学生对新课程标准中的要求有所了解与领悟,推动学生自身的进步与发展。

总之, 地理课程目标的要求就是希望在整个课堂教学时间有限的条件下,通过教学目标科学设计,展开高效率、有效果的教学实践内容,使学生首先能够"学会"地理,之后掌握正确的方法能够"会学"地理,最终达到"爱学"地理的效果,使三者相互统一,相互融合。

(1)学生"学会"地理

学会地理指学生能够学习地理知识并领会其基本内容,要求学生在教师的课堂教学目标指引下,通过有趣的课堂实践性活动或者图文展示等方法,把握这一节课需要了解与掌握的内容;对整个环境有个宏观认识,清楚了解环境的演化过程以及发展规律,对基本原理知识有一定程度的了解;此外,在阅读有关地理的文章、资料、图表后,对于地理学科的学习方法等有基本的掌握,运用地理思维去思考问题,同时要关注有关地理学科的新动态及变化。

(2)学生"会学"地理

会学地理是指通过某种手段与方法懂得如何学习地理知识,要求学生在科学的地理课程教学目标的指引下学习相应的地理知识内容,并且在教师的带领下展开与之相关的课堂实践活动,然后掌握地理知识与学习技巧,如看懂地图与地理图像、正确观察地理现象与计算地理数据。

(3)学生"爱学"地理

爱学地理是教学内容的最终目标,展开来说就是让学生在学习地理知识的过程中感受到地理的自然变化与地理带来的趣味性,使学生期待着地理课,能够主动地去学习地理。这主要是要求学生由表及里地形成一种地理思维和地理观察模式,对地理学科产生热爱之情。

2.课程内容

课程内容主要是指需要教授与学习的知识，在教学目标基础上的课堂教学内容可以说是一个实践活动。其中最重要的就是教材，而教材在教学定义的规划中也同时存在着不同的定义。广义上来说，地理教材通常指对地理课程进行传播的有关资料，如课本、教学光盘、地图、地球仪、多媒体投影等教学用品，除此之外还有学生的地理刊物、每课练习册、教师用书、网络课程等。而狭义上的教材就是指课堂所用的教科书以及根据教育部门的规定在地理课上需要使用的书籍。

为了成功达到高中地理课程的教学任务与目标，教师需要对教学内容和教材的使用有更深层次的解读与把握。教育教学目标突出了学生的地位，要求教师站在学生的角度对教学手段进行有创造性的改造，将较难理解的地理教材转化为学生浅显易懂的知识，对纷繁复杂的教材结构进行梳理，使之清晰明了地呈现在学生的学习活动之中，让学生对教材内在的价值、知识主体有所把握。同时要求教师能够结合实例进行地理教学，使学生感受到地理与生活之间的密切关系，最终能够使课本上既定的教学内容转变为适合学生、为学生所接受的知识经验。

(三)高中学生学情及学习需求分析

1.学情分析

根据"注意力 10 分钟法则"可知，学生集中注意力学习的时间很有限的，很容易受到外界环境的干扰而分散注意力，所以这就需要通过一定的方法来提高学生的自我约束力。首先需要对学生的基本情况进行分析与了解才能达到集中注意力的目的。

这里主要研究的是高中阶段 15~18 岁的学生。这类学生的一般特征表现为：注意力随着年龄日渐增长趋于平稳并时间延长，在自身不感兴趣的内容上也可以表现出稳定的学习态度；学生随着年龄的增长，对于自己的思想与行为具备控制能力，并且逐渐可以对大量知识进行自我消化。许多学生都有过类似的体验，即以网络视频等媒体为中介来获取知识。微课具备时间短且内容十分丰富的特点，很适合学生的自我学习，在紧凑的时间内可以为学生提供所需要的学习知识与技巧，达到学生在主动学习背景下合理学习地理知识的目的，充分满足了学生的学习需求。应用微课的地理教学可以调动学生学习的积极性，让学生主动学习地理知识，掌握实践能力。

2.学习需求分析

在教学过程中，学生的课程深入开展主要与学生的学习能力、学习习惯有关，学生的学习能力主要涉及知识与技能、过程与方法、情感态度与价值观三方面。针对教学对象所具备的知识技能进行分析，对微课在内容结构方面的设计有很大帮助，因为课程内容必须要切合学生的实际水平，知识的安排最重要的是要符合学生的学习兴趣。孔子提出的因材施教的教学方式对今天的教学仍有效。每个学生的学习能力不同，由于学生个体能力的差异，教师需要对教学目标和教学内容做出区分，无论是在微课中还是在实际课堂教学中，都需要做出一个能够基本符合各个层次学生学习需要的教学设计，做到因材施教，以此避免部分学生跟不上教学节奏，而另一部分学生认为内容简单而不愿学习。

学生的学习习惯也可以称为学习风格，指每个属于独立个体的学生自身所特有的、适合自己的学习方式。从这种风格中可以看出学生的行为习惯、情感意识等信息，是一种不会轻易发生改变的学习状态。对学习风格进行分析有益于高中生建立起一个适合自己的学习方式，对于知识、技能等认知信息的处理更加有效率，通过主动学习或与他人相互交流后能够提高自身学习能力。学生的学习风格的差别推动了学生探索未知的进程。

（四）微课应用于高中地理教学的可行性分析

微课的出现符合现代网络媒体的发展趋势，是在世界资讯互通的条件下出现的一种新型学习方式。微课作为一种教学资源，受到了社会大众、各种教育机构及各大高校的关注，同时也成为教育信息化建设进程中的新研究对象。微课具有针对性的教学任务，可以改善与弥补过去教学中的不足，体现在以下四方面。一是在微课教学过程中，学生可以基于自身能力调整学习状态。二是微课具有时间短内容丰富的特点，在教学结构上对于知识难点着重进行了梳理，有助于学生对知识点的理解。三是微课的教学内容包含了多种教学手段，教师与多媒体教学相互结合可更好地调动学生学习积极性。四是在微课的教学过程中，学生通过反复观看与学习，对重难点的掌握会更加容易，提高了知识学习效率，并且还可以更好地达到复习效果。

1.微课优势体现在基于多媒体教学

高中地理微课主要都是通过计算机、移动设备等进行教学内容的辅助学习与传播，所以微课具有多媒体技术的教学优势，主要集中体现在以下两方面。

第一，利用计算机将地理知识转变得更为具象。在高中地理微课中,现代技术设备可以将地理知识中(如地球自然现象变化)无法亲自体验与见证的现象直观立体地展现在学生面前,在一定程度上有利于弥补学生对地理教学内容的理性认识的缺乏;计算机的演示还可以吸引学生的注意力,激发学生学习地理的兴趣。

第二,弥补技术的局限性。高中地理教学内容中,有许多地理现象是无法直接观察到的,书本难以模拟出自然地理实际状况,导致学生对地理知识缺乏一定的了解。但高中地理微课教学可以通过多媒体技术将学生学习过程中不容易理解的地理知识以真实生动的具体画面呈现出来,帮助学生理解地理现象。

2.高中地理微课基于网络媒介,兼备了网络教育的优势

高中地理微课最主要的传播载体就是网络,同时又具备了多媒体的优势,具体表现在以下三方面。

第一,利用多种教学资料。传统教学模式主要借助的是课本等纸质学习资料,教师在课堂上也多是书写在板面上,所以对于学生而言学习资料是十分有限的。而在网络媒介基础上的微课则摆脱了这些局限,为学生提供多种教育资源。

第二,在微课的帮助下实现新教育方法。在网络帮助下,学生可以不受上课时间或者固定地点的约束,能够更加灵活便捷地找到自己所需的资料。这样学生既可以反复学习资料,又可以突破时间局限灵活安排自己的学习时间。

第三,更高效的交互性。网络的最大优势就是互通性,将距离变得不再是问题,使教育者与学生之间可以随时进行交流,并且大大提高了教育传播范围,使更多的学生可以与优秀学者进行沟通。

3.对高中地理微课教学目标的追求

（1）在微课教学过程中追求更高级的地理教学目标

高中地理教学的知识内容中有许多不容易被学生所理解的规律与现象，通过微课的讲解可以将抽象内容变成具体形象的内容。学生在高中地理微课教学目标的指引下完成学习与理解，通过微课将知识进行归纳总结，更加有利于对学习内容的记忆与运用，有助于在学习地理知识的过程中构建出一个有层次的知识构架。

（2）在微课新热点关注下使学生对地理学科产生兴趣

微课的设计可以采取多种教学方式，利用动画和视频充分吸引学生的目光。同时，微课适应每个学生的学习特点，学生主体在微课播放的过程中可以随时提出自己的问题，满足自己的地理学习需要，通过反复观看、及时提出问题来解决学习过程中遇到的不解。作为辅助学习的资源，微课很适合学生在正常课堂教学前后进行学习，课前起到提前预习作用，课后能够起到回顾记忆课上内容的作用。

4.高中地理微课化的突破

第一，从教师的角度来看，高中地理的微课化可以说是一种全新的教学方式，将会打破教学中教师占主体地位的模式。微课化对教师提出了更高的要求，需要高中地理教师做到与时俱进，学会使用多媒体教学资源，不断地充实与完善自我，紧跟信息时代的步伐，开阔自己的视野，了解并学习更新的地理知识与技能，最终将学到的理论知识有针对性地应用于实际教学。

第二，从学生的角度来看，高中地理的微课化则是给学生的学习方式带来全新的尝试。学生通过微课来调整适合自己的学习内容与进度,更有利于对知识难易点进行梳理,提高了学习效率,并且还可以在反复观看的过程中更好地达到自我复习效果。

第三,微课可以将经验丰富的教师的网络资源共享。在实际的学习过程中,可能会出现学生没有接触到的高水平的问题,但是地理教学微课化可以跨越这项障碍,让更多的学生学习到高水平的教学内容。

第四,高中地理教学应用微课可以将地理知识共享,改善教育资源分配不公的问题。通过微课将优秀教师所教授的精彩课程分享给更多的学生,身处不同地方的学生可以彼此相互交流,共享教育资源,从而促使教育资源的合理利用与分配。

(五)微课在高中地理教学中的应用意义

教师在教学中运用微课能随时提出和教学内容相关的问题,随时掌握学生的学习情况和理解程度,并根据课堂实际情况调整教学步调和教学思路。在教学活动结束前,教师可以组织教学小结活动。由此可见,微课具有深化理解教学内容,突出重难点的作用。

由于每一位教师的教学模式不同,加之学生理解能力各有所异,所以教师可以通过备课组讨论微课设计,有针对性地向学生讲解教学内容的重难点,然后在恰当的时候布置任务给学生。微课在课堂小结的环节起到了回顾和梳理知识点的作用,可以加深学生对知识点的把握程度。总而言之,微课已被地理教师广泛地应用到教学活动中,对课堂教学来说,微课是有效果的辅助手段。

1.应用微课是现代教育技术和教学相辅相成的体现

微课在教学中应用,必然需要硬件和软件环境的支持。微课制作、展示及反馈需要的硬件环境和软件资源都属于现代教育技术手段。随着微课的发展，环境要求也越来越高，同时现代教育技术也在促进微课的发展。因此，应用微课的教学在现代教育技术的支持下不断形成规模和系统。

2.将微课应用于教学是以学生为中心的教学模式的体现

微课应用于教学是实现学生自主学习的一种手段。传统教学中，教师教、学生听的教学模式在信息技术的大环境下有所改变，但实践起来变化不大，教师对信息技术的应用没有达到目标，以教为中心的教学模式没有改变。微课的运用是教师灵活运用信息技术的体现，运用微课并不是将传统教学中的精华去除，而是保留传统教学中的优势，对其糟粕进行改革。同时，微课体现了以学为中心，是一种有效提升学习能力的教学资源。

3.将微课应用于教学中是提高学生学习兴趣的法宝

微课具有形式灵活、内容新颖短小、容量小而精的特点。微课可以提高学生的学习兴趣，符合学生的学习特性。微课可以为整个教学创设一个轻松而联系实际的环境，让学生主动学习，锻炼了其学习能力。

4.将微课应用于教学中是对教师教学能力的提升

应用微课不只是学生的学习模式转变，也是教师教学能力的提升。应用微课的教学活动是对教学的进一步建构，不仅仅是设计教学资源，还是对整个教学内容的重新分析和排列，如重难点怎么讲、怎么设计教学活动才让学生的学习有效果，教师合理利用不同类型的微课完成不同教学内容的教学。

综上分析，在教学中应用微课首先符合现代教育理念，体现双主教学模式，以学生为中心，以教师为主导，注重培养学生的学习兴趣和学习能力。其次,微课应用于教学中的方式灵活多样,教师不能刻板应用微课,要以自身经验为基础,使微课成为教学中的新型有效辅助资源。最后,微课并不是单纯的微视频,是在微视频的基础上发展起来的目标明确、重难点突出、分单元、碎片化的教学资源。微课在教学过程中可以贯穿始末,在预习、练习、讨论等环节都具有重要价值。

（六）高中地理微课教学的问题与对策

1.高中地理微课教学的问题

互联网已经成为人们获取知识的一种极为便捷有效的途径,使社会生活的方方面面发生了翻天覆地的变化。网络教育迅速展开,教辅资料、图书等纸质资料受到严重的冲击。在现代信息化高速发展的时代,学校推行微课教学势在必行,但是高中推行地理微课教学遇到诸多问题。

（1）地理微课数量少、质量差

研究发现,微课视频可分为商业微课和公益微课两种类型,公益微课远远少于商业微课,由于受经济条件的限制,商业微课利用率较低,而公益微课学科体系不完善。在学校内,由于资金、技术、学校管理、学校教学模式等方面的影响,能够开发微课、愿意开发微课的教师较少。地理微课数量不足影响高中地理微课教学。

目前网络上的优秀微课资源较少,大部分微课视频质量低下,不仅视频录制的技术差,更重要的还是内容及教学设计与教师的课堂实录没有太大区别。这样的微课缺乏简洁性和趣味性,没有达到浓缩教材、节约时间和培养学生兴趣的目的。在某些知识点上,微课开发重复率较高,不易开发的知识点出现空缺。缺乏统一规划使微课的开发避重就轻,最终导致微课系统化出现断层,影响地理微课教学的实施。

（2）教师开发微课能力不足

微课开发需要教师有良好的教学品质和技术品质。台上十分钟,台下十年功,开发好微课需要教师具备丰富的教学经验和较高的地理知识整合能力,要求教师能根据学情确定微课内容,并对微课教学方法进行精心设计。除此之外,微课的录制还要求教师具备信息技术的应用能力。微课视频录制看似短暂,但对教师信息技术应用能力和个人素质是极大的考验。而在实际教学中,老教师经验丰富,教材驾驭能力、知识整合能力强,但信息技术应用能力较弱;年轻教师信息技术能力较强,但教学时间短、经验不足,影响了对微课核心知识点的定位。由此可见,教师开发微课面临巨大的困难,大多数教师开发微课能力不足。

（3）学校决策者的理念落后

火车跑得快,全靠车头带。一个学校是否进行教学改革及如何进行教学改革取决于决策者的教学理念。学校决策者不想冒险,为了学校的稳定不敢轻易变革,目前大多学校处于观望状态。在这样的学校环境中,高中地理微课教学举步维艰。学校不提倡、不支持,教师个人改革就没有后劲。

（4）地方经济发展水平较低

地理微课教学的实施需要网络的支撑,微课传播与下载需要畅通的云平台,观看微课需要视频终端设备。如果区域经济发展水平高,学校资金丰富,硬件建设就不成问题。如果区域经济落后,学校资金短缺,无法建设相应的配套设施,地理微课教学就是一句空话。

2.加强高中地理微课教学的对策

任何一项改革都会面临问题和挑战，微课教学作为新生事物也是如此。改革的尝试者要不断摸索和改进，要有信心和毅力将地理微课教学推行下去。为了更好地实施微课教学，针对以上问题，可以采取一些对策。

（1）实施学科内容整体规划

针对目前微课数量少、质量差、碎片化、断层化的情况，建议微课开发者在微课开发前对高中地理学科内容进行整体规划。首先从高中地理教学重点内容中选择适合微课开发的主题，根据教学经验及学情确定微课的类型，然后有计划、有组织地实施分类、分组开发。这种开发方式既可避免避重就轻、重复开发的问题，又可形成各类微课系列资源，组成地理微课教学资源库。虽然首次开发难度较大，但为学校地理微课教学的持续性和长久性提供了保障。

（2）组建地理微课开发团队

目前学校部分教师开发微课能力不足，建议学校组建地理微课开发团队，根据所教年级、教师年龄、教师能力划分微课开发小组。地理微课开发要发挥集体智慧，同一学科组的教师之间要互帮互助，定期召开研讨会，把在微课开发及教学过程中遇到的问题及时交流解决。学校实施微课教学不是某一教师在单打独斗，而是几个团队的智慧和汗水。

另外，组建微课开发团队可打破学校界限，在全国范围内组建地理微课开发团队。目前许多教育网站吸收教学一线精英，开设名师微课堂，实施微课资源的系列开发。受此启发，学校也可以学习这种合作方式，加入微课教学学校联盟，实现教学资源的共建与共享。学校内有能力的教师可利用 QQ 群、微信群吸纳不同区域志同道合的教师共同开发地理微课。加强团队建设,实施微课资源的集体开发,实现共建和共享,既能节约时间,提高微课质量,又有利于教师学习和交流,促进教师共同成长。

(3)提高学校决策者的认识

学校是否实施微课教学,取决于学校决策者的教育观念。随着社会经济的快速发展及教育现代化、信息化的推进,微课教学作为一种高效辅助手段,对中学教学改革的影响将逐渐扩大。教育主管部门应组织各级学校领导参加各种类型的学习班、培训班,参观学习微课教学成功的学校,帮助学校领导者更新教学理念,积极推行微课教学。

首先,学校要实施"请进来,走出去"的策略,定期开设讲座,邀请专家对教师进行技术指导和业务培训,提高教师信息技术应用能力和学科教学能力。其次,学校要定期派出精英团队到成功实施微课教学的学校学习经验。最后,学校要激励和奖励教师尝试微课制作和微课教学。部分教师只要在微课教学方面进行大胆尝试,再加上学校正确的方向引导,就会成为学校微课教学的领头雁,他们将对学校微课教学起到辐射和带领的作用。如果学校不支持,教师就没有尝试的动力。

(4)借助外援搭建网络平台

目前制约学校微课教学的主要因素是网络平台的建设。网络平台是微课教学的硬件保障,由于学校资金短缺,没有能力建设云平台,视频传播没路径,学生观看视频没设备,微课教学无法实施。针对这种现状,建议学校借助外援搭建网络平台。

在平台搭建方面,学校可以搭建互联网平台,教室内安置路由器,达到校园网络全覆盖,学生利用 Wifi 上网。互联网平台的建设有利有弊,"利"在于学生的信息来源渠道广泛,"不利"在于自控力较差的学生会利用手机上网玩游戏等,给学校管理带来很多困扰。目前实施微课教学的学校大多与教育机构联合,为微课教学量身定做"网络平台"。在这个平台上,教师不仅可以及时发布视频,还可以实现教学互动,及时了解学情,使教学更具有针对性。这种网络平台能够避免互联网对未成年人带来的负面影响,实现绿色上网。

由于微课教学受经济条件的限制,且区域经济发展水平存在明显差异,所以某些地区目前无法实施地理微课教学。但是地理微课的直观性、趣味性、动态性、持续性、高效性的优点将吸引着众多的地理教育者去尝试、去探索。

(七)高中地理微课的开发与设计研究

1.开发的目的与开发设计原则

随着教学改革的不断深化,微课教学是当今社会发展的必然趋势。然而,当前高中地理微课的研究与实践还处于初级阶段,开发一是为了提示人们微课在用于高中地理教学方式中的重要性;二是为高中地理微课的开发研究者提供建议和参考。微课开发的好坏与其遵循的原则息息相关,不仅要了解微课本身的含义和特点,更要与课程目标、教材深度地结合起来,制作出一套完整的模式。

(1)目标原则

根据课程教学目标的要求,对微课的教学内容进行设计,列出具体的教学知识点;要结合微课自身"时间短、内容精"等特点,围绕重难点以及有针对性的知识点进行设计,而不是泛泛而谈。同时也要结合课本资源,以问题的分析及提高学生的能力为切入点,观察学生阅读材料后可以有哪些收获。例如,在制作高考复习相关视频时,以分析某地方的自然特征为例,教师可以结合多媒体,宏观地介绍世界各地的自然特征,再结合该地的地形情况进行具体分析,分别从"天、地、水"三方面用视频进行论述,以提高学生对地理知识的获取能力以及综合应用能力。

情感态度与价值观目标也是当前教学目标的重要内容,地理教学也要求学生学习乡土地理以增加对家乡的感情,对此教师可从这两方面入手:从地理内容中蕴含的情感和价值观着手;从与现实相结合的角度挖掘所学地理知识的教育性因素。例如,在讲"区域可持续发展"这一章时,就可以借此加强学生对环境保护的责任感,培养正确的社会价值观。同时,人的情感体验是有过程的,形成完整的价值观需要一定的时间,所以在对这方面进行教学时要整合教材内容,发挥目标的情感作用。

(2)内容原则

遵循教学目标筛选出适当的教学内容,并且内容不宜太过复杂,应以主题突出的方式进行设计开发。大多学生希望微课设计以该课程的重难点以及知识应用为主要内容。虽然如此,微课设计仍要从学生的认知特点出发,要让学生感觉到地理这门学科"值得学、容易学、想去学"。内容讲解也要加强与学生的互动性,对相关知识点进行疏导。新课程改革后的地理教科书在设置上相对简单,对以前的一些知识点进行了删除简化,教师在制作微课时要收集相关材料对该课进行深度分析。

（3）"微"原则

"微"是微课最显著的特点,微课是以微视频为核心的,包含与教学相配套的微教案、微练习、微课件、微反思及微点评等支持性和扩展性教学资源,是一个半结构化、网络化、开放性、情景化的资源动态生成与交互教学应用环境。由于地理课程的难理解性,微课不宜时间太久,应该以简单直观的方式进行讲解,不然很难避免传统教学中枯燥沉闷的课堂气氛,应该激发学生的课堂活动性。很多学生希望微课时间最好不要超过 10 分钟,最好控制在 5~10 分钟,认为这样才能更好地带动学习积极性,提高学习效率;而地理内容的复杂性也要求制作时要做到精确、专业、实用。

（4）点评原则

微点评是微课不可缺少的一项原则,也是衡量微课开发质量好坏的一个标准。在高中阶段,由于课程内容的增多以及难度的增加,需要一些要素对其进行考核。

微课由于时间相对较短,所以在选题方面需要下很大的功夫,要求选题简明、目标明确。内容主要选取重要的知识点、难理解的知识点及知识应用。例如,在讲全球气压带、风带的分布和转移这一知识点的时候,由于这节内容很难理解,并且书上的知识介绍远远满足不了学生对该知识的学习需求,所以在制作时就应该考虑怎么引用相关知识来更形象地表达。可以借用非洲动物迁徙的图片引出话题,然后通过动态的全球气压带分布图进行讲解,以总结的方式进行分析;而有些教师是以"七带六风"的方式引题,后面以典型的例题进行分析。

在微课设计方面,微课设计对学生学习的积极性影响很大。微课的设计包括内容的设计和画面的编排两方面。内容的设计和编排都要合理,逻辑要清晰,要以学生为中心进行教学设计,依据学生的认知规律来组织编排。例如,在设计地球表面形态这一课时,可以用提问的方式进行讲述,借助地壳以及地表的相关信息或动态图进行讲述,得出地表形态是在两种力的作用下共同形成的,这两种力叫内力和外力,然后再引出内外力的概念;也可以先讲述地表形态是由内力和外力共同形成的,然后解释内外力的概念,再通过相关素材进行讲述。不管选择什么方法设计,都要以一个点为中心进行设计。

在表述方面,微课的内容设计得再好,画面设计得再有吸引力,还需要更好地表述出来才能让学生理解,达到微课的最终目的。所以讲解时要求语言清晰、用词准确、用词恰当、针对性强。同时能针对学生的思维盲点进行有效讲解,更要注意重难点的把握和提升。

不管是微课教学还是传统教学,都会注重一节课的课堂效果。在使用效果方面,微课不仅要达到目标,具有一定的创新性,还要求教师在短时间内将知识点讲透彻,更好地对学生进行引导,提高学生的思维能力。例如,在制作水循环这一节时,用 Flash 软件动态图演示再加上相关的文字解释,不仅有利于学生的理解,还有利于教师知识点的表达。

2.开发流程

一个好的设计流程是一个完整微课开发的前提条件,而这个流程不仅要有前景分析,还包括微课的设计与制作以及微课程的应用与创新,这样才能实现微课教学的更大价值。笔者通过对优秀微课开发实践情况进行分析,设计出以下开发流程。

(1)微课的设计与制作流程

第一,选择本堂课的教学模式。前文提到了三种微课教学的模式,教师可以根据不同的教学内容选择相应的教学模式,以助于提高教学的效率。

第二,内容的选择。教学内容的设计是微课至关重要的一步,它直接决定了微课要传达什么内容给学习者学习。

第三,确定教学目标。确定一个合适的目标有利于微课教学更好地实施,也有利于教学最优化地完成。同时,要分析学习者的特征,提高教学的设计水平。

第四,微课教学的设计。微课教学的设计由教学内容的设计、教案的设计及微练习设计三部分组成。

第五,微课的制作。微课的制作包括微课制作环境的分析、工具的应用、脚本的编写及相关素材的处理等环节。

第六,微课教学的反思。在制作好一节微课后,对其进行教学反思和相关修改,有利于发现制作时的一些不足,并对其进行优化。

第七,微视频输出。在对制作好的微课进行反思以及修改后,进行微视频的输出。

(2)微课的应用与创新

第一,微课应用与发布。对制作好的微课,应将其应用于实际教学中,或将其发布于网络上供学习者下载进行学习。一个微课设计得好与不好,只有将其应用于实际课堂之后才能对其进行评价。

第二,微学习。微学习主要是对微课的学习。

第三,微反馈。制作者对学生观看微课后的相关反馈信息进行收集,如是否激发学习兴趣、是否满足学生需求。根据收集的反馈信息对微课做出调整,为其不断地创新优化提供实践的基础,使微课达到最好的教学效果。

第四,微教研。通过收集微课学习者的点评建议,教师或制作者对其进行总结,并对其进行进一步的研究发展。

第五,微创新。微课要得到更好的发展,必须通过对微课应用后的教研情况的研究,结合国内外新型微课设计和教学方式,对其不断地进行完善创新。

(八)微课在高中地理教学中的应用案例研究

1.案例一 "昼夜长短的变化"

"昼夜长短的变化"是高中地理地球的运动中的一个重要知识点。其包括多个知识点,制作微课时首先需要将知识点拆分细化,分成小单元,每个小单元只讲授一个主题。微课以简单实用的教学活动为主,既是在前面知识单元的基础上延伸深化的教学内容,又是对后面的知识单元理解记忆的铺垫,所以每一个微课并不是完全独立的存在。微课存在于整体教学设计之中,而自身是一个独立的个体,方便学生的学习。教师提前给学生布置任务,如让学生在自习课或课余时间观看教师提供的微课,可以起到预习的作用,对在课堂上理解教学知识有更好的效果。而且课后时间也可以用微课来复习课上所学知识,起到巩固的效果。

(1)学习目标

理解昼夜长短的变化及规律;教会学生读图的方法和技巧;培养学生读图、识图、画图的能力,提高学生从图中获取知识的能力。

（2）学习重难点

学习重点：昼夜长短的变化规律与纬度、季节的关系。学习难点：对随太阳直射点的变化一年四季中昼夜长短变化的规律图的理解和记忆。

（3）微课的过程

①复习引入新课

通过复习前一节课的地球自转和公转的内容，引出本微课的教学内容，通过图片展示概括本节课的主要知识。

②结合图示讲解内容

首先，利用举例子的方式提出春分、秋分、冬至、夏至四个特殊日期昼夜长短的变化规律，结合图示分析随纬度变化的昼夜长短变化，并在讲解新课的同时对之前的知识点加深记忆。图片形式是动态视频形式，对学生需要注意的位置使用文字闪烁和阴影设置。其次，以自身所在的北半球为特例，分析同纬度的昼夜长短变化规律，利用流程图形式的知识框链接形成系统的知识内容，一步步展示给学生，让学生边理解边记忆，形成定向思维能力。最后对知识进行迁移，讲解南半球的昼夜长短规律和北半球昼夜长短规律相反。

③归纳总结

在全面分析教学内容之后，对所讲的知识点归纳总结成绕口令形式，方便学生记忆，并且条理清晰，学生有兴趣去主动学习。

④例题详解

本微课准备了两个和本节课内容相关的例题，用于检测学生对知识点的掌握情况，并用多个习题补充学生预习时出现的漏洞，让带着问题去学习可以大大提高学习效率。

2.案例二 "水圈与水循环"

"水圈与水循环"是自然界的水循环中的一个重要知识点。本微课是录屏形式的微课,采用画外音的方式讲解内容,探究问题。在微课中利用动态视频呈现真实感的水循环过程,学生容易区分三个水循环的特点,同时锻炼了观摩的能力。

(1)学习目标

理解水圈的构成,理解水循环及其地理意义;学会区分水循环的三种类型;在观摩的基础上学会自己手绘简单的水循环环节。

(2)学习重难点

学习重点:水圈的构成和水循环的三种类型的理解与记忆。学习难点:学会绘制水循环的步骤,理解水循环的地理意义。

(3)微课的过程

①导入新课

首先展示图片,如瀑布、雪、天空,介绍水的三种状态,进而引出水圈的概念;然后以探究的形式观察图片,分析水体的构成及所占比例,总结出水圈的构成及其比例;之后通过展示全球水资源短缺的资料信息向学生传递节约用水的意识。

②学习重难点讲解

结合课本教材完成微课中准备的问题,即水循环的概念和分类。学生在教材中找答案的过程也是理解记忆问题的过程。根据教材中水循环的分类,在微课中将三类水循环的过程循序渐进地以动画的形式演示给学生,创设形象生动的降水、蒸发、水汽输送、地下径流等环节,让学生能在头脑中更清晰地理解水循环的过程;并且在微课中分别演示三类水循环的独立过程和三类水循环的整合过程,这样可以使学生对三类水循环的认识更明确清楚。对于重点内容的演示可以重复两次,加深学生的理解和记忆,符合学生的学习节奏。

③归纳总结

通过以上学习活动,从多方面对三类水循环的区别进行归纳总结,最后对水循环的意义列出知识框架,加深理解。

④拓展练习

本微课以图片演示的方式提出探究问题,即"图中用于河流补给的水体类型有哪些""河流补给所涉及的水体之间存在怎样的关系"。学生带着问题来反思本节课所学知识,对知识进行迁移,拓展知识层面,通过两个问题总结出自然界中河流补给水体的种类及水体类型之间的关系,完成对本微课内容的实践应用。最后以一道历年高考真题结束练习。

四、微课在地理教学中的应用对于学生学习方式的改变与影响

(一)基于微课应用的高中地理教育教学实践研究

近年来我国经济快速发展,现代化建设成就举世无双。然而,经济快速发展过程中也出现了一系列令人担忧的环境问题和社会问题,这些问题警示人们必须关注人地关系,在科学认识资源、环境、人口、社会的基础上,走可持续发展的道路。为了适应这些新的变化,更为了促进学生的全面发展,我国确立了体现现代教育教学理念、反映地理学科发展进程、适应当今社会生产生活需要的新《地理课程标准》。新课程标准更加重视学生学习的自主性和开放性,更加强调合作与探究的重要意义,明确地理教学中学生的主体

地位和教师的主导地位。

2014年教育部印发《教育部关于全面深化课程改革 落实立德树人根本任务的意见》。意见指出,新时期课程改革应该在立德树人工作中发挥重要作用,不断深化人才培养模式改革,进一步强调育人的实效性与针对性。意见同时指出新时期课程改革面临的挑战,认为当前经济全球化深入发展,网络信息技术突飞猛进,学生所处的成长环境发生了巨大而深刻的变化,学生间差距更加明显。针对这些新情况,教育部组织相关人员研究各学段学生发展必备的核心素养体系,同时强调各级各类学校要从学校实际情况出发,结合本校学生特点,把各学科核心素养和学业质量要求真正落实到各学科教育教学工作中。微课主题突出、形式灵活、资源多样,能很好地满足不同学生的需求,帮助学生实现自主、合作、探究学习,能够成为促进师生成长、培养地理学科核心素养的有效手段。

虽然国内的微课理论研究和微课资源建设发展很快,但是由于起步较晚、技术条件相对较差及地区经济和教育发展不平衡等诸多方面的原因,国内的微课发展与国外相比还不够成熟,无论是理论研究、实践应用还是微课资源的数量和质量与国外相比都有很大的差距。其实,即使在国外,微课的研究与实践也存在很多问题,这是微课作为一个"新事物"所必须经历的阶段。然而,伴随着越来越多的教育工作者对微课进行越来越深入的研究以及新技术手段的出现,微课一定会展现出其强大的生命力和不可或缺的实用价值。

通过将国内高中地理学科微课资源建设现状与高中其他相关学科的微课资源建设状况进行对比分析,可以发现,相较于其他高考学科,无论是关于微课的论文数量还是现有的微课资源数量,地理学科均处于相对落后的位置,虽然近年来发展较快,但是和其他学科相比仍有一定差距。出现这种情况的原因主要有:第一,中学地理现有地理专业的地理教师数量较少,很多地理教师为其他专业的教师跨专业授课,教师制作地理微课资源的意识和能力不足;第二,高中地理教师往往带的班级较多,每个班的情况差别较大,地理教育教学任务繁重,同时地理教师往往还担任班主任等职务,没有足够的精力和时间来搜集足够的地理微课制作素材;第三,地理微课的相关理论不够成熟、定位不准,很多一线高中地理教师难以把握。

在一线教育教学实践中不难发现:大多教师班级授课时采用"齐步走"教学方式,难以从本质上照顾到每个高中生的个体差异,加上班内人数较多等原因,分层教学很难实施。在课堂教学过程中,经常有学生跟不上教师的教学进度,对于许多知识点需要反复琢磨才能理解。课下,学生在自主学习地理课程过程中遇到困难或疑惑,很难及时找到教师进行咨询。而地理微课无论是对优化高中地理的"教"还是"学",均可提供非常有力的支持,能为突破高中地理教学的现实困境提供十分有效的帮助。

因此,在信息技术快速发展、"互联网+"快速渗透的时代,研究怎样充分发挥微课在高中地理教育教学中的积极作用,成功把微课应用于培养高中生地理学科核心素养,帮助高中生养成自主学习、合作学习及探究学习的学习习惯,是高中地理教师以及其他从事高中地理教育教学工作的人员需要注意和研究的重要问题。

1.高中地理微课特点

高中地理微课是地理教师围绕高中地理某个知识点或技能等采用微课形式进行高中地理教育教学的教育教学资源。狭义上的高中地理微课是指高中地理微型教育教学视频，广义上的高中地理微课是指高中地理微课资源，既包括微型教育教学视频，又包括与之相伴产生的微学案、微教案及微试题等教育教学资源。

(1)兼具综合性与系统性

高中地理微课是多媒体教学资源中的一种，与其他多媒体资源不同的是，其录制过程中综合运用视频、PPT、Flash等多媒体教学工具。作为一个多媒体资源的集合体，高中地理微课不但与其他多媒体教育教学资源的运用不冲突，而且可以最大限度地发挥其他多媒体教学工具的特点。

在运用PPT等传统多媒体进行授课的过程中，虽然教师在课前精心准备，但仍然难以避免因为一时疏忽或者意外情况而导致各种小瑕疵的出现。与传统多媒体教学资源不同的是，高中地理微课在使用前就已经完全设计和录制完毕，讲授内容经过反复校对，是一个比较全面和稳定的授课系统，受外界影响较小，不会因为课堂的突发情况或操作失误出现讲解失当等细漏。

(2)短小精湛

通常情况下，地理微课视频的长度一般为5~10分钟，因此，视频需要的存储空间相对较小，一般只有几十兆左右，上传下载都比较容易。更重要的是，这样的时间长度使大部分高中生都可以保持其注意力的稳定性，是教师运用无意注意来组织教学的重要方式之一。另外，由于地理微课视频的时间较短，视频主要围绕地理教育教学中某个不容易讲清楚、相对抽象的知识点或者教学环节进行设计、制作;或是向学生传授地理学习策略、强调重要知识点等具体的、真实的、学生迫切需要解决的问题。因此,相较于40~45分钟的大容量课堂,地理微课主题突出、问题聚焦,讲解指向性和针对性都很强。

尽管高中地理微课相比于传统课堂教学时间较短,但是"麻雀虽小,五脏俱全"。其以教学视频为主线,整合教学素材、教学设计、学生反馈和专家点评等与教学内容相关的教学资源,组合成一个类型各异但任务明确、结构完整、贴近学生实际的"微教学资源包"。这种具体真实的案例化教学形式不仅可以帮助高中生实现地理学科核心素养等高阶思维能力的培养与学习,还可以帮助高中地理教师实现教育观念、教学风格的改进,从而优化其教育教学方式,促进其专业化成长。就学校教育而言,高中地理微课不仅成为教师和学生的重要教育教学资源,还是学校教育教学模式改革的重要方面。

(3)动态生成

设计和制作高中地理微课是一个渐进的过程,制作人的反思、改进和受众的评价、建议是两个不容忽视的因素。教师初步完成地理微课的教学设计后,按照其教学设计对内容进行讲解并完成地理微课的录制。然而,首次微课的录制完成并不是该地理微课制作的终止,而是起始。设计再好的视频总有不足之处;网络上再优秀的高中地理微课资源总有不适合自己学生学习的方面;无论是教师还是学生,在观看高中地理微课视频后,都会对该视频有一些改进性的意见。教师可以依据自己的反思、同事的建议、学生的反馈进行修改和调整,弥补视频资源的不足,让讲解更加精准,让视频更适合自己的学生使用,实现网络地理微课校本化。由此可见,一节好的地理微课不是封闭的、框架式的,而是在使用过程中不断修改、不断完善、不断补充而生成的,这种半结构化、校本化、动态生成的特点使得地理微课的更新比传统地理课堂教学更加及时和准确。

(4)灵活机动

灵活机动是高中地理微课的最大优势。高中地理微课并不需要太大的内存;视频大多是可以进行在线播放并且能被大部分数码终端兼容的主流格式,现在主流的数码终端都有比较大的内存,可以存储和播放大量视频资源。因此,只要有一个合适的视频播放设备,学生的地理学习随时随地都可以进行,而且因为视频播放具有可重复性,学生可以反复观看自己不懂的知识点,而不再被束缚在课堂之中。

随着信息技术的发展,特别是无线上网技术的成熟和推广,"互联网+"的发展模式使得高中地理微课有了一个强有力的发展平台,可以为广大师生提供海量的高中地理微课资源。特别是随着我国网络带宽的不断增加,互联网的资源共享、人机交互、方便快捷及信息实时传递等特点进一步显现。教师和学生都可以在线观摩高中地理微课,查看课件、教学设计等辅助资源,也可以将其转存到自己数码终端或网络硬盘以方便日后查阅。这些都让学习者可以根据自己的兴趣、知识掌握程度、时间来选择适合自己的微课资源,在一个合适的地点相对自由地安排自己的课程。同时,除了课上教师安排的视频需要大家一起学习外,对于其他微课资源,学生完全可以根据自己对知识的掌握情况来决定是否观看以及观看的方式、时间长短等,这帮助学生实现了学习的自主性和目的性,从而真正提高了学习的效率。

(5)时代性强

虽然微课"教育教学工具"的本质属性始终没有改变,但是作为一种教学工具,它就必然具有很强的时代属性。微课与微信、微博等互联网时代的产物有着共同或相似的"微"特征,尤其是与互联网中的"微媒体"结合也给教学模式带来了一种新的"互联网+"的体验和尝试,是基础教育进行信息化教育教学改革的一大进步。

"互联网+"时代的高中地理微课,将更加多元的教学资源进行组合再生。这种多元组合不仅使得高中地理课堂教学更加高效,而且能够辅助课前预习以及课后的巩固、延伸,开发师生潜能,促进自主探索与进步。同时,高中地理微课也可以引发一场学习方式的变革,学生在课下自主学习微课的过程中获取知识、发现问题,然后与同伴、教师进行探讨或者合作学习,提升分析问题、解决问题的能力;师生的备课、学习不再拘泥于教室、课本、参考书,把相对复杂的教育教学内容融合于短小精湛的网络视频,实时提供精品教育课程。

2.研究理论基础

(1)现代认知学习观

现代认知学习观认为学习者现有的知识经验和认知结构对新知识学习和理解有非常重要的影响,同时强调学习者应该认真研究所学知识本身的逻辑结构。该理论认为学习的实质是陌生学习材料与学习者现有知识构成关联,新知识与现有经验互相影响,进而在学习者头脑中产生新意义。该理论建立在对课堂学习进行深入研究的基础之上,比较贴合现实情况,能较为准确地指导抽象知识的学习。一个优秀的高中地理教师在利用精品地理微课进行高中地理教育教学的过程中,并不是完全照搬。一般来讲,会对地理微课视频结合自己学生的实际进行适当编辑,使其更符合自己学生的认知水平。

现代认知学习观还特别关注学习活动本身给学生带来的内在强化功能。认知学习理论认为能力的培养并不是通过教学完成知识传递,而是以教学的方式促进认知活动的进行;教育教学的出发点应是帮助学习者学会认知,使学生成为自己知识结构的建构者。在应用地理微课进行高中地理教学的过程中,不仅可以让学生做观众,甚至还可以让学生做演员、做编剧、做导演,让学生参与高中地理微课的设计、制作过程,教师只需要做好服务工作,辅助学生根据自己已经掌握的知识完成对新事物的认知过程。

(2)多元智能理论

在 1983 年,美国哈佛大学心理学专家霍华德·加德纳提出了多元智能理论。加德纳在《智能的结构》一书中指出:"智能是人在特定情景中解决问题并有所创造的能力。"加德纳提出人的智能有八种,分别是言语语言智能、逻辑数学智能、视觉空间智能、身体运动智能、音乐节奏智能、人际交往智能、自我认识智能和自然智能。

学生学习、掌握并运用地图可以体会到地理事物的特殊性,即具有空间性,从而使学生意识到现实生活中存在的各种空间问题,这样有利于学生空间能力的发展。教育是要促进人的全面发展的,但是单单就地图教学来说,主要是发展学生的视觉空间智能。

（3）教师成长和发展理论

教师是高中地理教育教学情境中重要的主题之一，是促进学生成长的最关键因素之一。地理教育教学能力是高中地理教师保证其能成功完成教育教学任务的综合能力。专业的教师培训对于一名有志于从新手高中地理教师成长和发展为专家型人才的青年教师来说是不可缺少的。相关理论认为，教师成长和发展主要包含两方面：一方面是培养新教师作为在职教师队伍的有效补充；另一方面则是通过理论学习和实践训练等来提高在职教师的业务素质。在职教师培训主要有校本教师培训以及邀请专业机构培训两种基本类型。一般来讲，对高中地理教师的培训主要有以教研组为基地的教研活动、微型教学、教学决策训练等途径，教师通过反思来提高教学能力，开展行动研究。由此可知，在地理教师的培训过程中，高中地理微课资源本身以及高中地理微课和其他方式的结合都是非常重要的培训策略。

3.微课应用于高中地理教育教学的实施策略

（1）课前应用实施策略

①相关知识点复习——温故知新

在高中地理的知识内容中，有很多知识点和学生已有知识（特别是初中地理知识）关系紧密，而且涉及的知识点数量较多、难度较大，学生掌握得通常不够牢固。如果在讲授新课前不复习原有知识，那么学生很难理解新知识；然而复习相关知识点需要时间较长，远超出了课堂的合理容量。这种情况下，可以把相关知识与新知识的交叉部分做成地理微课视频，帮助学生提前复习相关知识，以更好地学习新知识。

例如，在学习"全球气压带和风带的分布"（主要知识点为"三圈环流"一节）时，所涉及的原有知识点主要是热力环流、空气的水平运动和地转偏向力，而且和太阳辐射、地面辐射、纬度划分等都有一定联系，尤其是热力环流与空气在高空和近地面的水平运动，都是高中生理解起来相对较难的知识点。如果针对这些知识点在课上进行复习，课堂时间难以满足，授课效果很难保障。这时候地理教师可以把热力环流和空气水平运动结合起来做成微课，让学生在课前完成热身，这样在课上学习新知识时，学生就比较容易接受了。

②课前预习——梳理脉络

在高中地理课程的学习中，对于有些知识高中生理解起来相对困难，或者因为过程相对复杂理解起来需要一定的时间。对于这些知识，让学生自己看课本预习效果不够明显，很难真正理清知识脉络。地理教师可以先把浅层次的知识，或者把复杂知识简单化，做一个地理微课，让学生先在头脑里形成一种表象和感性的认识，为课堂知识的学习打下基础。另外，某些人文地理现象的产生有一定的历史背景或社会背景，也可以通过地理微课视频的形式展现出来。

应该注意的是，在利用微课让学生进行地理课的预习时，一定要让学生的"预习目标"具有可操作性。具有可操作性的预习目标应该明确而具体，引导学生围绕教学目标的实现进行有效的课前预习。预习目标应该具备三个方面要求：一是预习目标设计要贴合教学目标，并服务于教学目标；二是教师制订的预习目标能表明可观察到的和可测量的预习结果；三是能表明学生预习行为结果的衡量条件或标准。因此,高质量的导学案、任务单或者预习表等是不可或缺的。学生在预习目标的指导下,运用微课进行地理知识课前学习,将自己不明白的、需要他人帮助解决的问题带到地理课堂上;地理教师可以根据学生的课前预习结果,有针对性地展开教学或解决学生的问题,从而实现高效课堂。

例如,在讲"时区和区时"这节课时,时区、区时和地方时的定义、产生原因和意义等学生理解起来难度不大,但是关于区时以及地方时计算问题,特别是涉及跨日界线和日期的地方时或区时计算,其过程比较复杂。在这种情况下,地理教师可以制作地理微课,一方面,利用小故事或者三维图像的形式展示相关概念;另一方面,利用相对简单的时间换算帮助学生掌握所需要的时间计算技巧。

(2)课堂应用实施策略

①新授课应用——攻坚克难

在高中地理新授课中,课堂导入、知识讲解、课堂习题及知识总结等各环节都可以应用地理微课。在课堂导入环节,地理教师可以把相关的、有趣的地理现象录制成微课视频,也可以依据新授课的学习内容录制一些比较新鲜奇特的微课,还可以把相关的地理知识背景制作成微课,这些方法都可以很好地引起学生的关注,使其尽快从课间的放松心态进入课堂状态。在进行知识讲解过程中,既可以利用微课对重点、难点进行分析解读,又可以运用微课引出疑问,让学生进行相关讨论、合作学习和探究学习。如果在课堂上需要一定的习题对知识进行巩固提升,应用地理微课就很方便快捷,省去了抄题的麻烦,不但节省了时间,还有效避免了因为提前发放试题,导致学生边听讲边做题而影响课堂学习效果。

例如,在学习"宇宙中的地球"时,地球以外的太空环境对于一个充满好奇心的高一新生来说是非常陌生的, 但想要学生实地观测是无法做到的,这时候可以把一些关于宇宙环境的照片、影像资料等进行整理,做成微课作为课堂导入让学生观看。这样的课堂导入形象而具体,让学生真正体会到大自然的神秘和伟大,帮助学生完成热爱自然、敬畏自然的情感目标。

②复习课应用——整体把握

在地理复习课的课堂上使用微课,可以充分发挥微课的梳理、归纳和提炼的作用。一般在新授课中,学生学习知识都是采用先分开学习再总结概括的形式,即分总形式。而复习课上的授课形式和新授课应该是不同的。一般来讲,学生通过新授课掌握了知识,对知识有了一个大体印象,高中地理教师需要运用学生已经形成的知识网络体系对各知识点再进行加强。这时候,地理教师利用高中地理微课、思维导图以超链接的形式可以便利地完成对知识点的剖析。

例如,在对知识点较多、难度较大的"宇宙中的地球"进行总结时,地理教师就可以先把知识点做成思维导图,帮助学生形成知识体系,然后再通过超链接的形式对每个知识点进行回顾。这样的方式使得学生对这一章的知识一直有一个相对完整的概念,知识点之间的联系比较清楚。如果硬件设备能满足教学要求,还可以最大限度实现个性化教学,让学生自己选择需要重点复习的知识点进行观看,或者引导学生通过小组讨论、合作学习等形式,借助地理微课自主进行知识梳理和归纳,从而顺利完成该章节地理知识的内化。

③习题课应用——演示过程

学生理解起来比较困难的高中地理习题往往和图形、地图相结合,特别是和等值线图结合。教师可以将其绘制到黑板上,在课堂讲授。而复杂的地图或图形,一方面教师很难绘制到黑板上,或者需要很长时间,整堂课容量会很小;另一方面,即使采用发放纸质试题的形式提前发放到学生手中,因为教师没办法直接在学生的试卷上进行标注,学生可能会理解错教师的真正意图,从而很大程度上降低了授课效果。所以教师可以将针对这样的习题来制作微课视频。

另外,在地理习题课上,教师还可以把学生的作业解答做成地理微课视频。既可以把完成较好的答案做成地理微课让学生学习、模仿,又可以把集中出现的问题做成地理微课,帮助学生找到不足。条件允许的话,高中地理教师还可以把每个学生的作业或者试卷的答题情况以及下一步对他的要求做成地理微课,推送到学生的数码终端。这样等同于为学生配备了一对一的辅导教师,可以更好地帮助学生提高地理学习成绩。

(3)课后应用实施策略——培优补弱

由于学生在学习习惯、学习方式、智力水平及地理学科知识基础等方面都存在较大的差异,想要通过课堂授课满足每个学生的需求是非常困难的,所以应用形式多样的高中地理微课资源进行课后学习,对于学生地理知识水平的提升有重要意义。

一般来讲,教师的地理课堂教学目标是根据大多数学生的学习情况制订的,对于地理学科优秀生来讲,很难达到其学习目标。这些学生在完成知识巩固以后,还可以利用其他微课资源进行自主学习、扩展学习、迁移应用及探究学习,充分发挥地理微课的"培优"作用。而对于地理知识不太好的同学来说,他们的首要任务是对当堂讲的重点、难点、易错点进行复习和巩固,对有疑问的知识点反复观看相关地理微课,尝试通过地理微课资源进行答疑解惑,充分发挥微课的"补弱"作用。

此外,地理微课还具有"错题本"的作用,教师和学生可以把一些重要的解题方法、易错题、典型例题做成微课,学生根据自己的需要对这些题进行归类、整理。现在大部分学生整理的错题本都是纸质的笔记本,一个学期能记厚厚的一本。等到学生再去整理的时候会发现有很多题目是重复的,需要一些习题做"案例"来参考的时候,却不好查找,真正用起来并不方便。而把这些习题做成地理微课,学生提取和应用起来就很方便,从而提高了学生自主学习的效率。

(4)假期应用实施策略

①地理微课在线教学——阶段教学

高中地理微课在假期的应用可以和互联网结合起来,进行在线教学和辅导。伴随着互联网技术的快速发展,视频共享平台、即时通信软件的推广和"互联网+教育"模式的提出,都为放假期间的在线地理教学创造了条件。

假期里,地理教师可以把录制好的微课上传到视频分享网站,然后把视频分享给学生。学生可以根据自己的需要决定自己是否去观看和观看的方式。在应用微课进行地理学习以后,学生还可以把自己的疑惑在线告诉教师。地理教师也可以了解学生学习微课的情况,通过学生的留言和评论知道学生对知识的掌握情况并及时回复,解决学生地理学习中存在的问题。

②地理微课在线辅导——化整为零

以往的地理假期作业通常是地理教师在放假前全部留给学生,所有学生无论成绩好坏都是一个标准。这种布置作业的方式很容易导致地理成绩较好的学生很快完成作业,地理成绩较差的学生一直到开学都无法完成作业,也就是通常所说的"成绩好者不够吃,成绩差者吃不完";此外,学生在假期遇到不理解的知识很难第一时间弄明白。像寒暑假这种长达一两个月的假期,教师如果不能及时掌握学生的学习情况进行相应的辅导,假期作业的效果将大打折扣。

通过高中地理微课进行在线学习,地理教师可以阶段性地布置假期作业,在假期里根据学生现阶段的学习情况布置下一个阶段的作业。像地球运动、大气气候这种相对比较难的知识点,教师可以根据学生的学习情况给的时间稍长一点,而一些相对简单的知识点,如果学生掌握得比较好,可以一带而过。这样通过微课在线辅导,可真正实现地理假期作业查漏补缺的作用。

（5）教研应用实施策略

①地理微课校内教研——情景再现

地理教研活动是做好地理教育教学工作必不可少的条件之一,地理教研组是地理教师成长的专业环境。地理教师在优秀地理教师（教研组长）的组织下,共同开展备课、听课、评课等教研活动,有利于地理教师队伍的成长和发展。在众多地理教研活动中,教师之间听评课是非常重要的教研形式。在传统的高中地理听评课活动中,一般是教研组长组织部分地理教师到班内观摩某位地理教师的教学活动,下课以后对其在本节课中的表现进行探讨、评价。在对教师的教学活动进行分析的时候,一个非常重要的问题就凸显出来了,即教学情境无法重现。

因为教学情境无法重现,听评课的教师发现问题并不能在问题产生时当即指出来,需要等到下课以后。这种听课、评课两步走的教研方式的真实效果,在实际操作中会大打折扣。一方面,对于听评课的教师来说,当进行评课时,可能已经把发现的某些问题或者优点遗忘了;另一方面,对于授课教师来说,在下课后已经把当时的授课情境忘记了,无法回忆起当时采用某种方式组织教学活动的真正原因。因此,评课的滞后性极大降低了听课的实际效果。

将微课应用于高中地理学科教研活动,可以很好地解决听评课两步走的问题。具体教研方式如下:地理教研组长确定特定的教学行为作为教研活动着重分析的对象(如解释某种地理现象的方法、讲述某种地理理论的方式、课堂提问的方法)。授课教师进行相应的地理微课设计,编写学案、教案、课件等相关微课辅助资源。授课教师根据自己准备的微课辅助资源进行微课的录制。教研组长组织地理教师一起观看地理微课。在观看的过程中对微课及其辅助资源进行分析,研究教学行为和教学资源的优点与不足,探讨改进方法。在以上分析和讨论的基础上,结合改进方案,授课教师或其他教师再次进行高中地理微课辅助资源编写和微课录制。再次进行地理学科教研,重复以上步骤,直至教研目标完成。

②地理微课校际教研——资源共享

我国各地区经济建设与文化发展的巨大差异造成了地区间的教育发展不平衡。经济发达地区往往教育也比较先进,优秀地理教师的数量和整体水平都相对较高；而教育落后地区，无论是优秀教育资源的利用还是优秀地理教师的引进都远远落后于先进地区。

除了购买教育先进地区的教学课件、教学设计、教学录像等方式外，派出本地区优秀高中地理教师外出学习，或者邀请其他地区的优秀地理教师为本地教师授课，是教育落后地区普遍采用的两种教师培训方式。这些做法虽然取得了一些效果，但是效果并不明显，存在以下一些很难解决的弊端。

第一，时间较短。外出学习的高中地理教师不可能在短时间内真正内化先进地区的教育理念，掌握先进地区的教学技巧。另外，因为时间较短，外来优秀地理教师一般都是通过讲座的形式对本地教师进行授课，而讲座的形式更多的只是讲授理论层面的教学知识，真正在当地实地教学中很难做到。

第二，机会较少。在教育落后地区，学校的经济能力有限，派出的地理教师和邀请外来地理教师的数量和次数都有限，交流的机会很少，取得的效果有限。

第三，匹配困难。教育先进地区的地理教育理念和教学方法都是结合当地学生学情和教学资源、教学条件总结提升的，不一定适合落后地区的学生。另外，教育先进地区除了教学资源较多、教学条件较好之外，教师的整体素质也相对较高。因此，落后地区的地理教师即使掌握了一定的教学方法，真正和本地的情境匹配起来也十分困难。

将优质地理微课资源引入教师培训不仅可以丰富教研素材，还可以比较好地弥补传统教师培训的不足。地理微课和地理教学课件、教学设计等静态教育教学资源相比更加生动、鲜活，与教学录像等动态教育教学资源比起来更加简洁、清晰。因此,把地理微课作为培训资料,可以为高中地理教师提供真实的、可感知的教学案例、教学示范和教学指导。学校地理教研组可以对大量来自不同地区的优质高中地理微课资源开展学科教研,结合本地的资源状况和教学条件,集中全校高中地理教育工作者的智慧,总结、提炼出适合本校的地理教育教学模式。

4.微课应用于高中地理教育教学的有效性探讨

(1)微课应用于高中地理教育的有效性探讨

①共享优质地理教育教学资源,推动区际教育公平

教育先进地区相比于教育落后地区掌握着更多、更好的教育资源,拥有更多优秀的地理教师,接受新事物的机会与能力也更强。因此,教育先进地区地理微课的数量和质量都要优于落后地区。随着网络的快速发展,更多优质高中地理微课通过开放互联网平台进行资源共享,形成"互联网+地理微课资源"的模式。

在"互联网+"模式下,地理微课不但为学生提供了丰富的地理学习资料,帮助学生享受全国各地的优质地理教学资源,而且为高中地理教师提供了向更多优秀的同行学习、交流和探讨的机会。学校可以定期组织观摩、研讨优质高中地理微课,学习、模仿、迁移先进的高中地理教育教学理念、教学方法、教学技能和教学风格,提高教师的教育教学能力,为培训教师节省大量人力和物力。微课为广大高中教师提供丰富的课堂教学资源,在帮助高中地理教师节省课堂时间的同时,可有效提高地理教学质量。志同道合的高中地理教师可以利用互联网建立自己的网络社群,分享彼此的教学实践经验,传递先进的教育教学思想,进行教学反思和教学研讨。

因此,"互联网+优质地理微课资源"不但方便学生接受最好的地理教学辅导,还方便把地理微课应用于不同学校的高中地理教研,为落后地区提供一些很实用的教学建议、课程资源和交流平台,有利于全国不同地区的高中地理教师互相学习,促进地理教育教学不断改革和进步,在一定意义上也促进了学生平等地享受公共教育资源,推动了教育公平。

②优化培养方式,把握地理学科核心素养

A.地理学科核心素养的含义

每个学科的知识体系在学生的成长和发展过程中都有其独特的价值。文艺复兴时期英国著名哲学家、科学家弗朗西斯·培根在其经典文章《论读书》中这样描述了读书的作用:"读史使人明智,读诗使人灵秀,数学使人周密,科学使人深刻,伦理学使人庄重,逻辑修辞之学使人善辩;凡有所学,皆成性格。"地理在学生成长和发展过程中的价值是得到广泛认同的,如人们形容某人学识渊博时往往用"上知天文下知地理"来概括。地理学是旨在解释区域特征与地理事物出现、发展及分布情况的科学。高中生学习高中地理后形成的相对稳定的心理品质,称为高中地理素养。

教育部为了深入贯彻党的十八大精神,下发《教育部关于全面深化课程改革,落实立德树人根本任务的意见》。意见强调课程在人才培养中的核心作用,重视综合育人,要求研究制定适合学生发展的各学科核心素养体系。综合中学地理教育教学核心期刊以及地理教育界专家的学术报告、地理教育教学研讨会等多方面的信息,地理学科核心素养和地理素养有联系也有区别。高中阶段的地理学科核心素养主要是高中地理中最能体现地理学科本质、最具地理学科价值的关键素养，是学生在学习高中地理知识过程中掌握的、终身发展所必备的、其他学科学习无法替代的地理知识、地理能力和地理思维。根据近期地理教育教学核心期刊以及地理教育界专家的报告，地理学科核心素养主要包括人地观念、综合思维、区域认知和地理实践力。

B.地理微课与人地观念

地理学最核心的研究课题就是人地观念。把微课引入高中地理教学，可以让学生更好地理解自然环境是人类生存和发展的物质基础，掌握自然环境自身的规律；可以利用视频的形式突破时间和空间的限制，把古往今来各个时期人类与环境的关系展现在学生面前，让学生体会到环境变化对人类社会产生的影响；还可以通过视频的形式把自然环境和谐的画面与自然灾害发生时的残酷无情进行对比，让学生深刻理解为什么人类改造自然的同时必须顺应和保护自然。因此，应用微课进行地理教学可以让学生学会与自然和谐共处，走可持续发展道路。

C.地理微课与综合思维

从地理学的角度来说，地理环境是由地球表层的大气圈、岩石圈、生物圈、水圈及聚落等各种自然要素与人文要素组合构成的复杂系统。应用微课进行高中地理教学，既可以把各圈层作为一个整体展现给学生，方便学生宏观上对各圈层之间的关系进行把握，又可从微观角度给学生展示各地理圈层的主要特征；从教育教学的角度来说，利用地理微课可以结合思维导图，在学生学习各章节的时候整体把握课程，理清各章节间的关系，形成知识网络。因此，地理微课不但可以让学生把各章节的知识学得牢固，把各圈层的特征了解得更清楚,还可以避免学生片面和孤立地学习各章节知识、各圈层特征而忽视地理知识的综合性和整体性。

D.地理微课与区域认知

学生在学习区域地理知识的时候,不可能亲身体验所有区域的自然景观和人文景观。地理教师可以把所学区域的不同季节、不同年代的自然和人文景观加以整理,制作成微课,帮助学生认知该地区人文景观和自然景观的特点,掌握各种地理事物之间的联系。地理微课视频的声像效果,可以突破地理景观时间和空间、微观和宏观的限制,化静为动,变无声为有声,呈现过去于眼前,帮助学生具体感知和理性认知该区域地理景观的空间分布、具体特征、变化过程及与其他地理景观之间的差异和联系,使其对该区域的认知更到位。

E.地理微课与地理实践力

把地理学科知识运用于生活实践是学习地理的重要目的,但是高中生学习压力大且生活经验有限,想要其把高中地理知识具体、真实地联系实际生活很难办到。可以把地理信息技术融入高中地理微课,让学生通过交互视频的形式完成地理知识的模拟应用和实际演练。

在学习地图知识时,通过纸质地图的方式很难让学生看到丰富的地图资源。通过地理微课为学生展示电子地图或者地图图片,学生能观察的地图数量就远远多于纸质地图。高中地理微课的优点不只在于视图,它还能和产业分布相联系,给学生演示各种产业分布会产生的不同效果。在学习地图呈现的地貌特征时,传统授课方式下的学生只能依赖自己的想象力在头脑中进行构图,而微课可以用录像或者图片的形式展现出其真实景观，让学生理解起来更深刻。因此，运用微课进行教学可有效促进高中生地理实践能力的提升。

③优化教师职业素养，促进高中地理教师成长

A.地理微课丰富高中地理教师的知识构成

一般认为，现代地理教师的知识构成主要包括本体性知识、实践性知识、条件性知识和素养性知识。高中地理教师所具有的地理学专业知识即为其本体性知识。除地理学科知识之外，高中地理教师需要了解、掌握的自然科学和社会科学知识以及运用工具性学科的知识，即为地理教师的素养性知识。渊博的本体性知识是成为一名优秀高中地理教师的坚实基础；丰富的素养性知识则是其学习其他知识的基础，也是其成为地理教师的先决条件。高中地理课程知识覆盖的范围非常广，特别是在使用新版教材以后，课本上对相关知识的讲解较旧版教材减少了很多，地理教师无法做到把所有涉及的知识点都掌握得十分牢固。与此同时，素养性知识的涵盖范围比本体性知识更为广泛，需要终身学习。因此，在不同的高中地理教学阶段，地理教师可以通过认真学习相关的优质地理微课资源，了解地理学和其他相关学科的新进展，学习新的研究方法，不断完善自己的知识体系和知识内容，培养多方面的兴趣爱好，从而扎实自己的本体性知识系统与素养性知识体系。

高中地理教师所具备的有关教育教学的心理学、教育学和教学论等方面的知识即为其条件性知识。教师进行高中地理教学的关键在于运用自己所具备的条件性知识把高中地理学科专业知识转变成学生能够掌握的知识。因此，可以说扎实的条件性知识是高

中地理教师本体性知识成功传授的重要保障。高中地理教师通过研究优秀教师的微课,体会其教法和技巧的应用、教材和学生的把握等地理教学条件性知识的运用,可以有效获取最新、最实用的条件性知识。

与教育教学方面的理论知识相对应的是实践性知识,也就是地理教师在实践中真正信奉并实际运用和表现出来的对高中地理教育教学的认识,是教师在实施有目的的教学过程中所具有的应对不同教学情景、解决不同教学问题的知识。因此,高中地理教师的实践性知识是其专业发展的主要知识基础,在教育教学工作中的作用是不可替代的。高中地理教师获取实践性知识主要有两条渠道:一是在自己高中地理教育教学实践中不断学习和积累;二是通过学习和借鉴其他教师的教育教学工作而获得。优质地理微课资源可以为高中地理教师观摩和借鉴其他教师的教学工作提供一个非常好的媒介,是其获取实践性知识的有效途径。由此可以知道,认真研究优质的地理微课资源可以不断丰富和完善地理教师的知识构成,提升地理教师的素养。

B.地理微课推进高中地理教师专业化发展

高中地理教师专业化,是指教师把高中地理教育教学作为自己专门的职业,要求其必须经过十分严格的地理教育教学专业训练以及持续的专业学习,习得并保持其工作需要的专业技能和专业知识。一节优质的地理课绝对不是一蹴而就的,而是需要教师进行反复琢磨、不停斟酌的;一个优秀的地理教师也不是朝夕之间就可以培育成功的,需要不断发现缺点,弥补不足。把本校和其他地区的地理微课引入本校的高中地理教研中,其播放的灵活性和情景再现能力,可以帮助高中地理教师找到自己存在的不足,总结学习高中地理教育教学经验,探索发现高中地理教育教学规律。多样、丰富、不断更新的优质高中地理微课资源,促使高中地理教师树立终身学习的思想,重视提升自己的专业素质,不断吸收其他优秀地理教师的优点,提升教学水平以适应高中地理教育改革和教育发展的新要求,努力在个人职业生涯的每个时期都能具备较高的专业水平。因此,微课因其具有可视性、再现性,为优质地理课堂的设计、优秀地理教师的培育提供了一条重要途径。

(2)微课应用于高中地理教学的有效性探讨

①优化教学内容,提高地理课堂教学效率

把微课引入高中地理课堂教学,可以采用慢放、重放等操作,使比较复杂的地理运动过程或地理事物结构得以比较生动、形象、清楚地呈现给学生。高中地理微课利用视频的声像效果,结合图片与文本等多种教育教学元素,由静变动,呈现过去于眼前,冲破空间与时间、宏观与微观的界限,使死板的知识变得生动活泼,增加地理知识的学习乐趣;改进地理信息的传递方式,帮助学生具体感知和理性认知地理事物的空间分布、变化过程及其与其他地理事物之间的联系等,丰富和深化地理课堂教学内容。总之,无论是新授课、复习课还是习题课,地理微课都可以化繁为简、化难为易、化抽象为具体,从而缩短地理事物认知过程,转变地理学习方式,提升地理教学效率。

②优化教学方式,改进学生高中地理学习方式

高中地理微课最大的优点就是能够满足高中生的自主学习需求。在高中地理课堂教学中,地理教师可以就某种地理现象,在课

堂上给学生一定的时间,让学生先选择适当的高中地理微课视频,自学本节内容;此外,学生还可以把微课作为在小组讨论和地理教材"活动"板块的参考资料,展开合作学习和探究学习。

无论是在课前还是在课后,学生都可以根据自己的特点和对相关地理知识的熟悉程度,通过互联网获取丰富的地理微课资源,给自己"对症下药",进行有针对性的预习或加深、巩固。学生课下独立思考或者跟他人合作发现问题,带着问题走进高中地理课堂,教师有针对性地对学生进行高中地理知识讲解,或者引导学生展开充分交流。学生交流思考花费的精力较多,占有的课堂时间更长,处于地理课堂的绝对主体地位;教师处于"学习助理"的位置,而不是处于中心地位。因此,充分利用微课进行高中地理教学,可以调整地理学习在课堂内外的时间分配,将学习新知和答疑解惑进行"翻转",把主动权从教师手中移交到学生手中,以更加灵活的翻转课堂模式引导高中生进行地理知识自主学习。

(二)基于微课教学手段的高中生地理读图能力的培养研究

社会的发展对于人才的要求越来越高,不仅要求其掌握一定量的知识,而且对于如何掌握这种知识及如何运用这种知识要求也越来越高。

联合国教科文组织将新世纪文盲标准分为三类:第一类是通常意义上的文盲,即不能通过识字来读书的人;而第二类和第三类则是新定义的"功能性文盲",分别是不能识别出现代社会符号(即地图、曲线图等)所代表的意义的人和不能使用计算机进行学习、交流和管理的人。由此可见,地图所起到的作用,是任何文字、语言都不可替代表达的。地图是地理学区别于其他学科的一个显著特点,文字可以表述地理知识,却不能形象、直观地表达地理事物所处的空间位置和分布格局等。因此,地图不仅仅是地理学科的一种重要工具,更是地理信息与知识的重要载体。在中学地理教学中,基于地理信息可视化、直观化的以地图为主的图象系统是主要的表现手段,也是地理学科的重要特色。

地图是地理学的"第二语言",是我们在学习地理过程中不可缺少的一种重要工具,其存储了大量的地理信息,而这些信息的存储又是采用人们比较容易接受的图像、符号等方式,因此,它成为人的认识和地理事物之间的纽带。

心理学研究表明,人的大脑对知识吸收的比率在不同的渠道下是有差异的:听觉可以达到11.0%、嗅觉可以达到3.5%、味觉可以达到1.0%,触觉可以达到1.5%,而视觉则可以达到83.0%。因此,可以说,大脑中所储存的知识,大多是通过视觉和听觉这两个渠道来获得的,同时通过这两个渠道获得的知识也是有差别的,与视觉有关的信息就占了绝对高的比例。地理知识多是人通过图像,即视觉来获取,因此,当遇到地理问题时,问题中所含有的地理图像与大脑中所储存的知识相同或者相似的时候,就能使存储在大脑中的知识与所看图片中蕴含的信息相联系,从而在相关的地理情景中激活知识,解决相关的问题。而且学习地理知识时穿插一些地图可以帮助学生理解、记忆相关的知识,将知识简化,形成空间观念,理解巩固学过的地理知识,获取新的地理知识,同时有利于教师创设情境,引导学生观察思考,养成良好的读图习惯和较高的读图能力。因此,学会读图就成为学习地理的一个重要途径,读图能力的高低是衡量能否学好地理的关键。

我国新课程改革的核心理念是为了每位学生的发展。"为了每一位学生的发展"意味着课程要着眼于学生的发展,着眼于以能力和个性为核心的发展。在高中阶段,地理新课程的基本理念:一是要通过学习,让学生具备相关的必要的地理素质;二是满足不同学生的地理学习需要;三是要求重视学生对地理问题的探究;四是强调在地理学习过程中信息技术的应用;五是注重学习过程评价与学习结果评价的结合。课程改革的重点目标是培养学生搜索信息和处理信息的能力以及分析和解决问题的能力。地理读图需要学生能够搜集相关的地图,并对地图进行分析,从而利用其中所蕴含的信息来解决问题。

高中地理新课程标准中提出:"获得地理技能,发展地理思维能力,初步掌握学习和探究地理问题的基本方法和技术手段","满足学生不同的地理学习需要,给学生创造更多机会体验主动学习和探索的过程和经历,让学生拥有更多时间进行自主学习",认为作为学生未来生活能力的重要组成部分,获取、加工和运用信息的能力至关重要。因此,要强调信息技术在地理学习中的应用,充分考虑信息技术对地理教学的影响,营造有利于学生形成地理信息意识和能力的教学环境,培养学生的读图能力。

1.国内研究现状

①读图能力方面的研究

国内一些学者认为,培养学生的读图能力,首先应该加强读图基础知识的训练,然后在掌握地图基础知识的基础上来读图,这样才能够提取所需要的信息。

裴新生在《地理教育中的思维·实践·创新》中指出:"地理读图

能力是一种判读能力，这种判读能力是在不借助外力的前提下培养的，最终目的是使学生通过地图来获取所需要的信息。"楼利苗进一步指出地理读图能力主要包括两个能力层次：一是基础能力，通过对表面信息的阅读获取相关的表层地理信息的能力，即通过读图得到"那里有什么"；二是深层次的能力，即在第一个层次的基础上对表层信息进行分析，从而获取深层次的信息，并最终能够运用这些信息进行解释的能力，这一阶段必须在思维的参与下进行，是一个理性认识阶段，也是读图的高级阶段。张素芬认为读图能力离不开地理空间定位能力、空间分布格局觉察能力的参与。丁国庆认为读图能力的培养需要读图方法的培养，但读图能力的培养和提高要靠日积月累，要求学生做到多见多看、多画多练、多思考和多总结，学会自己掌握读图规律。

林荣斌认为，在地理教学中应重视培养学生的读图能力，而学生读图能力的培养并非一朝一夕之事，它贯穿于整个地理教学中。李武生指出，在地理教学中如何训练读图及运用地图的能力，对学好地理是至关重要的，建立知识点和地图之间牢固的关系才能极大地培养学生运用地图的能力。李广野在《地理教学中读图能力的培养》中指出，在教学中教师应该努力使学生掌握读图的基本程序，在这个基础上让学生做好笔记，归纳总结一幅地图中所包含的信息，从而培养学生的读图能力。陆灿宜指出，在高中地理教学过程中，教师一方面除了要传授给学生理论知识，另一方面还需要指导学生正确地进行读图，提升学生对于地图的理解和分析能力，而这个过程包括明确读图一般程序、培养绘图能力和具体问题具体分析等步骤。

②读图方法的研究

读图方法的研究多是与读图、用图有关的教学方法紧密联系，从而进行图文互换、图像导学、用图策略和多媒体动画设计等读图方法的探讨。

韩忠提出要对照课文查阅地图，按照左图右书等方法，培养学生的读图能力。莫怀修提出按地理事象的一定顺序读图，包括空间顺序、时间顺序和逻辑顺序，按照这些顺序，使用图文结合的策略来读图。李然、李艳君认为，采用图文结合的方式在教学中进行读图训练，不仅可以让学生把地理事实材料与地理基本原理有机结合，还可以让学生把形象思维和抽象思维有机地结合，从而进行地理思维能力的培养训练。罗肆富、陈明川、胡英慧、金良文等将地图按照一定的标准进行分类，如将地图分为区域图、等值线图、叠加图和统计图，然后在分类基础上进行读图能力的训练。匡艳霞在《浅谈地理读图能力的培养》一文中指出，培养学生的读图能力应该在学生已有知识的基础上，针对不同阶段学生的特点，分层次地指导学生学习和使用地图，包括加强学生地图的基本概念的教学、指导学生掌握读图方法和要领、教会学生根据需要检索地图以及培养学生的用图习惯等四个方面。不同类型的地图应采用不同的阅读方法和技巧。

刘艳华在《提高学生读图能力的一些看法》中，将图分为地图、自然景观图、人文景观图、地理原理图、地理统计图、地理剖面图和地理漫画等。针对不同类型的地图提高学生的读图能力，就应该从"教师教和学生学"两大方面同时进行。在教师"教"的过程中，应该注意看和指、读和写、想和说、变和画四方法；在学生"学"的过程中,要遵循循序渐进的步骤,采取形状和观察法、比对归纳法、点线面结合法、地图填注法和简单绘制法等。

另外,有一些学者则是从某一类图来阐述如何读图,如冯晓莉编写的《坐标图及其解读》是直接阐述坐标类图的读法;董勤的《从读图方法入手,解决气候分析难点》则是直接阐述气候类型图的判读。

③地理技能方面的研究

国内在地理技能方面对读图能力进行研究的不多,多数是在教学实践方面,将读图看作一项基本的地理技能。例如,周勤编著的《初中地理新课程教学法》就将地理技能分成动作技能和心智技能两类,其中心智技能包括地图的判读,将读图能力看作一项基本的地理技能,将读图能力的培养放在技能培养这一层面上进行。

④学生角度进行的研究

有部分学者专门从中学生的角度阐述读图能力,认为不同阶段的学生有着不同的特点。因此,在培养学生读图能力的时候,应该根据学生所处的不同阶段特点来进行。

齐建民认为中学生正处于青少年的成长阶段,接受知识的能力还有待加强。因此,在地理教学中要着重培养学生们读图的能力,让学生们在读地图的时候慢慢形成一种地理思维能力,从而提高学习效率和质量。

相英认为不少学生在面对地图的时候会感到茫然,不知道该怎么看地图,不懂如何通过地图来获得所需的信息。有些学生甚至连地图"上北下南,左西右东"的方向都不知道。因此,在教学中要用地图让学生掌握阅读地图的方法,培养他们的读图能力,让学生观其"图"而知其"地",知其"地"而求其"理"。

胡同泉认为在地理教学中,读图能力的培养是非常重要的,学生能否识图、读图、用图很大程度上决定了整个地图教学的成败。因此,教师在地理教学中要充分发挥地图的作用,培养学生的地图意识,以图导学,学会进行图文转换,引发学生的地理知识联想,提高学生的地理能力。

刘兰平认为文化基础比较差的美术生在进行地理学习时,就没有养成良好的学习习惯,总是跳过地图或者只看彩色图片,缺乏基本的改图意识,导致地理成绩较差。因此,要想提高美术生的读图意识可以充分利用美术生的专业优势,有意识地让学生多看地图,帮助他们提高看图读图的积极性,使学生在实践中领悟到地理读图的重要方法,从而养成良好的读图习惯,按照有序读图法的方法(如图文结合、图文转换)来读图、用图。

魏超贤认为,在历年地理高考试题中,几乎是无图不成题,图表占整张卷的篇幅越来越大,且形式多样、变化多端。如果学生掌握了正确的读图方法,能从图中提取有效信息,对图表数据进行正确分析与绘制,并能从图表数据中归纳总结地理规律,那么就能对解答高考地理试题提供很大的帮助;同时地理读图能力也是地理新课程标准中对学生学习地理的基本能力要求,因此,如何读图非常重要。

⑤研究述评

通过对国内读图能力培养的研究现状分析以及对文献资料归纳整理,可以看出国内目前对高中生地理读图能力培养的研究多集中在读图能力概念的界定、读图方法的研究及读图技能的研究等方面。从检索的期刊和学位论文来看,对于地理学科来说,读图能力的培养当前主要集中在理论方面，大多将读图当作一项重要的"技能"，教学过程往往被简化为让学生去学习掌握与考试有关的知识及技能的过程，或者仅仅讨论什么是读图能力、读图方法有哪些等，而对于读图能力培养的手段则较少有专业的研究，特别在理论与实践结合方面的研究很少。

从研究方法上来看，目前读图能力培养研究采取的主要方法是文献调研法、问卷调查法和访谈法等。其中，文献调研法主要是通过查阅文献、书籍和报刊等获取国内外读图能力研究现状，问卷调查法和访谈法主要是用于调查、获取学生读图能力的现状或教师对读图能力的培养方法等。但是关于通过案例来培养学生读图能力的研究很少。

从当前发展趋势来看，对地理学科的研究方法也从单一走向了多元化，研究的领域也越来越广。新课程的基本理念是要学生学习对生活有用的地理、对学生终身发展有用的地理，要学生学会将地理生活化，会在生活中运用地理知识，其中读图能力的培养就是重点之一。今后地理教学研究会更多关注读图能力培养手段方面的研究，对如何培养、采用什么手段进行培养等更加细化的方向研究。

2.研究意义

（1）理论意义

①有利于深化新课程理念与目标

微课教学手段的使用可以使学生根据自己的需要决定知识点的学习方式，从而满足不同层次学生的学习要求。同时新课程理念的目标取向是"使学生学习生活中有用的地理知识，并能在日常生活中应用所学的知识",而地图是我们日常生活中必不可少的工具,学会阅读地图、使用地图是我们每一个人必须掌握的基本技能。对高中生来说,教会他们读图、用图,不仅仅是一种理解、记忆知识的方法,更是学生建立形象思维、解决问题的能力的培养。

②有利于进行课程改革

新课程改革要求重视学生的学习过程,需要教师在教学过程中更加重视学生获取信息的方式。微课教学手段的读图能力培养是通过将地图分类,然后针对不同类型的地图采取不同的读图方法,再通过微课教学这个便利的手段向学生展示出来,可以为学生提供新的学习途径,让学生在自学过程中学会获取知识的方法,有利于地理课堂教学方式和学习方式的优化,丰富地理课堂教学理论。

③提高学生在地理学习过程中的地图意识

地图意识对于高中生地图素养的形成有着举足轻重的作用,学生的地图意识不强,那么在地图学习道路上就会举步维艰,形成恶性循环。学生不喜欢地图、没有意识去自觉使用地图,那么提高地图能力就无从谈起。微课教学手段的读图能力培养可以为学生提供一个便利的自主学习平台,培养学生的地图意识。

(2)实践意义

①有利于提高学生的自学能力

地理信息技术的发展可以为学生的自学提供一个平台。教师在课前给学生一个或几个事先录好的微课教学视频,让学生事先预习,课后再让学生复习巩固,在这个过程中学生可以学会提取地图中的信息,分析信息中所要表达的含义,从而达到培养学生自学能力的目的。

②有利于地理教师素质的提高与发展

随着科学技术的发展,教育技术也不断发展,这就需要教师不断进步,丰富自己的教学技能,提高自己的素质。微课教学手段的使用,可以使教师在教学过程中对一个小的知识点或者某几个知识点的讲解更加清楚透彻,提高教学效率。同时也使得教师必须不断学习使用这些新的教学技术,从而不断提高自身的素质和教学质量。

③培养学生利用地理思维解决问题的能力

当前的地理教学不能只将重点放在教师对知识的讲解上,而是要更多地关注如何培养学生理解运用知识的能力,从而达到通过学科素养的培养而解决问题的目的。这要求地理教师在教学过程中,充分利用读图教学这一环节。读图能力培养的目的不仅仅是增强学生学习地理、钻研地理的兴趣,更多的是培养学生的形象思维、创造性思维,从而能运用地理知识去解决生活中的现实问题;重视读图能力的训练能培养学生的钻研精神,使学生学会将地理原理做定量分析并形成定性规律总结,从而培养学生准确描述地理事物的能力,使学生在地理知识学习中融会贯通、举一反三,在日常生活中解释地理现象,分析地理规律,对自然环境、人文社会等不同的领域产生浓厚的兴趣。

3.相关概念

(1)地图概念的界定

地理百科对地图的定义是"地图是一种通过运用制图语言,按照相关的数学法则,在一定的载体上来表达地球(或其他天体)上各种事物的空间分布、联系及时间中的发展变化状态的图形。"随着时代的发展,地图的概念也在随着科技的进步而发生变化,如认为地图是"空间信息的载体""空间信息的传递通道",认为地图是对地表进行的一种描绘,是将地理信息进行浓缩并表达的图形,也是学生学好地理,并能够培养观察、分析等各种能力的重要工具。它能够传递地理信息、展现地理事物、提示地理原理和地理规律,为地理教学提供地理事物空间性状、分布及空间关系的信息。本文所说的地图是后一种观念,即地图是地表图形的描绘,是将地理信息进行浓缩和表达的图形,也是学生学好地理,并能培养观察、分析等各种能力的重要工具,它能够传递地理信息、展现地理事物、原理和规律,为地理教学提供信息。

(2)地理读图能力概念的界定

结合新课程改革的背景,笔者认为地理读图能力的内涵主要包含三个阶段:第一个阶段是最基础的,以读图为手段从而获取相关的表层信息;第二个阶段是指在第一阶段的基础上对所获得的表层信息进行归纳分析,进而理解吸收;第三个阶段是指在前两个阶段的基础上运用所获取的信息去解决问题, 这也是读图能力的最高境界。

(3)教学手段概念的界定

廖梅吉认为教学手段是教学过程中一个不可或缺的组成要素,它是教师学生之间相互传递信息的一种工具,主要包含各种教学活动所需要的用具,如教具、设施、设备。随着时代的发展、技术的进步,教学手段经历了口头语言、文字和书籍、印刷教材、电子视听设备和多媒体网络技术五个使用阶段, 在使用上有了越来越多的选择,在功能上也越来越利于教学。

高中地理教师要在新课程改革的背景下，提高自己的教育教学能力，那么就需要注重对学生进行"综合、分析、比较、概括"等地理思维能力的培养，在借助各种形式的教学手段和媒介的条件下更好地完成教学任务，从而达到新课程标准的教育目标。因此，结合新课程改革的要求，本书认为教学手段是师生教学过程中的一个不可或缺的组成要素，包括各种用以进行教学活动的教具、设备、设施等。它不仅可以传递信息，更能够在传递信息的过程中教会学生如何分析、比较、概括。

(4)微课教学手段概念的界定

微课是一种以视频为主要方式来传授知识的教学手段。微课的教学视频一般都是针对具体的教学内容，直接指出其要表达的问题，关注点在小问题、小现象上，一课一事，层层剖析。黎加厚认为，微课是指在很短的时间，如10分钟内让学生掌握这个视频所教授的知识，并且能够明确所要达到的教学目标，集中说明一个问题的小课程，由文字、音乐、画面和解说等组成，强调时间短、容量小、效果突出，在有限时间内追求教学内容呈现效果的最大化。微课教学手段指利用微课将重要的知识点录成一个短小精悍的视频，然后播放给学生看，让学生自主学习的一种教学手段。

4.微课教学手段与高中生读图能力培养

(1)传统教学和微课教学对读图能力培养的优缺点

①传统教学中读图能力培养存在的困难

由于地理在高考中地位的起伏变化，很多学生认为地理学科是一门副课，不重要，从而导致学生对地理学习不够重视。而读图能力的培养作为地理学习中的重要组成部分，也相应地没有获得重视。教师在教学的过程中往往只是碰到图像就讲解这类图像系统，不去进行系统的讲解，甚至有的教师为了节省时间，不讲或者很简单地讲解一下图像系统。这样一来，学生并没有系统地接受读图能力的培养，从而读图能力较低。因此，在解决读图分析问题时，常常很难通过读图来解决问题。而在地理考试中，读图分析类题目往往占的比重又比较大，难度也较大，这又导致了学生做不好题，考试成绩不好，长此以往就会影响学生学习地理的积极性。

②微课教学手段培养读图能力的优点

A.微课教学是高效学习的必然选择

传统的课堂教学主要是教师在讲台讲解，学生在下面听，整节课下来都是学生跟着教师的思维走，并没有学生自己的想法。这种教学模式逐渐会让学生产生认知疲劳，可能会出现学生的到课率差、注意力不集中、课堂秩序难以维持等现象。这从客观上反映出传统的课堂教学模式不再适应新时代发展下的学生需求，不利于学生自身的发展。在课堂教学中运用微课，可以打破固有的课时分配方法，灵活地根据学生实际水平和课堂的实际需要进行授课；高效地完成整节课的教学内容，并有多余的时间获取相关的课外知识，提高了学生的学习效率。

B.微课教学有利于学生的自主学习

信息技术的发展为学生的自主学习提供了平台，从而达到培养学生自学能力的目的。微课的应用可以让自主学习更加灵活、易于管理，在课程的不同阶段起着不同作用。微课用在课前的话，可以结合本节课课程标准的要求对学生实现导学的功能，即帮助学生预习本节内容的重点、难点以及一些需要事先学习的内容，如先前知识的回顾、已有经验的唤醒、背景知识的介绍、学习兴趣的激发。同时,微课教学能够满足不同层次学生的需求,起到帮助学生查缺补漏、强化巩固知识的作用,而这些都使得学生的自主学习能力不断得到提高。

③微课教学对读图能力培养的作用

A.微课教学为学生提供读图能力培养的新途径

学习地理离不开读图,然而读图能力的培养并不是一蹴而就的,由于学生尚未建立完整的空间想象能力,因此,很难通过几节地理课就能掌握好终身受用的读图能力。同时,在课堂上教师往往是在教学过程中分析地图,如分析知识点时需要用地图进行讲解,或者是在讲解题目的时候需要对地图进行分析,这种情况下并不会对地图进行系统的讲解,学生也不能获得系统的读图方法的培养。针对这种情况,在中学地理教学中,微课教学可以让学生进行系统的读图能力的培养。在将地图分类的基础上,按照不同类型地图的读图方法进行教学,可以让学生课前预习,知道这种类型地图的基本读图方法。课中教师可以针对学生的疑问有针对性地讲解分析,至于课后则可以让学生很好地进行复习。整个过程学生都可以很方便地利用移动设备进行,这对于学生来说是一种新的学习途径。

B.微课教学使学生明确读图能力培养的学习目标

教育的目的是培养具有生活能力的人,能够利用所学知识提高自己生活水平和服务他人的人,而不是只会死学知识,不懂利用的"解题高手"。在地理课堂上,教师通常不会特意将所有的地图都拿来进行讲解,一般是在讲解内容或者题目的时候为了讲解而讲解,教师的教学目的并不是特定的读图能力培养。对于学生来说,他们可能很清楚地知道这节课内容或者这章内容所要求达到的学习目标,但是不知道读图分析的要求。学生懂得读图的重要性,但不知道读图能力方面的具体要求是什么。因此,在这种情况下,学生难免会不太重视读图能力的培养。微课教学可以让学生通过一个很短的视频来学习某一类地图的读图方法,内容精炼短小,很明确地表达了这类地图读图能力方面的学习要求。

C.微课教学手段为学生长期培养读图能力提供可能

读图能力的培养不是短时间内就可以完成的,而是一个需要长期不断学习的过程,需要教师在教学过程中始终安排读图能力培养的教学计划。然而实际由于教学任务的安排,教师没有精力从开始到结束一直进行读图能力培养的教学。而利用微课教学手段则可以实现长期培养学生读图能力的要求。对于学生来说,由于微课时间短,他们的注意力相对会比较集中,同时携带方便可以让学生随时随地学习,无论是课前还是课后,上课期间还是放假期间都可以进行。因此可以说,微课教学手段为学生长期培养读图能力提供了一种可能。

(2)微课教学手段下的高中生读图能力培养

①地图的分类

夏志芳在《地理课程与教学论》一书中提到,常见的地理图像系统可以分为六类,主要是地图、景观地图、地理示意图、地理统计图、实物图和遥感图像。袁书琪在《地理教育学》中提到,地理图像是地理教学中重要、必要和实用的媒体,按照类型的不同,可以将图像系统分为四大类,分别是地图、照片与绘画、示意图和统计图。

其中地图又可以分为地图册、教科书中地图、挂图、地球仪、地理略图五小类；示意图又可分为地理图画、关系图两小类；统计图中也包括统计表。

陈春方将地图分为两大类，即普通地图和专题地图，其主要依据是地图性质和内容的差异。秦淑慧按照地图的性质，将教材中的图像系统分成六类，即地图、示意图、混合图、照片、景观图、漫画。张力果在对地图进行分类时，按照不同的标准有着不同的分法。他将地图分为普通地图和专题地图，是按照地图内容的不同进行分类的；如果按照地图比例尺的大小进行分类，则可以将地图分为大比例尺地图、中比例尺地图和小比例尺地图；而将地图分为世界地图、大洲和大洋地图则是按照制图区域大小的差别进行分类的；最后，按照地图的用途，张力果又将地图分为国民经济与管理地图、教育科学与文化地图。

高梅等运用六分法，将地图分为六类，即等值线图、地理统计图表、地理示意图、地理过程图、区域图和地理综合图表。雷鸣在将地图进行分类时和张力果一样，采用四分法将地图进行分类，但是两位教师分类的标准又有所不同。在按照地图内容进行分类时，雷鸣是将地图分为自然类和人文类两类，而张力果则是分为普通地图和专题地图。至于另外三种分法，雷鸣不是按照张力果那样从地图比例尺的大小、制图区域大小的差别和地图的用途进行分类的，而是按照地图的构成、地图的象形和地图的制作进行分类。其中按照地图的构成又可以分为表格、坐标图、几何结构图、柱状图、剖面图、等值线图、政区图、素描图和漫画九类。按照象形分类，又可分为直观形式的素描图、抽象形式的示意图、具体形式的政区图和表格。而按照地图的制作分类,则可以分为传统图表、电子图表。

根据前人的研究,地图按照内容分为三类:统计图,包括各种统计图,如线状图、柱状图、扇形图;传统地理图,包括常见的等值线图、地理景观图、地形图等;地理示意图,包括地理要素变化过程示意图、地理要素相关联系示意图、地理要素因果关系示意图和地理要素模式或结构示意图等。

②微课教学手段下不同类型地图的读图方法

在地图分类的基础上,教师要按照不同类别地图的读图方法,选取每类地图中的典型代表,通过 PPT、Cool Edit Pro 等软件录制成微课视频,然后在课前、课中或课后展现给学生,让学生根据自己的实际情况,在预习或复习过程中进行读图能力培养。

不管是对什么类型的图像系统,学生在读图时候首先都要做到以下两点。一是要掌握地图的三要素,即比例尺、方向和图例,了解三要素的内涵,并能灵活运用,否则一切都将无从谈起。二是学生拿到一幅图时,要知道这是关于什么的图像,所以就要看"图名",以便学生明确寻找信息的方向,这样才能有利于学生发现问题、思考问题。这两步乃是读图最基础的步骤,只有在此基础上才能进行下一步的操作。

A.地理统计图表

地理统计图表是一种用某种地理数据绘制而成的,能够直观、形象地表示地理数据的图表,可以反映地理事物的时空变化过程和地理信息量化处理。这种图表可以很清楚地让读图的人获取所需要的信息,是地理图像系统的重要组成之一。读图的一般思路:首先读图名,了解地图所要表达的内容;其次,读图例和注记,明白这幅地图涵盖了哪些内容;再次,看地图横坐标和纵坐标分别代表什么内容,在此基础上思考二者之间的关系;最后,通过分析出来的结论寻找原因,并对其进行评价,提出建议。这部分内容由于较简单,因此,在录制微课的时候可以直接选取案例进行讲解。

B.传统地理图

传统地理图包括等值线图、地理景观图等最常规的地图,由于类型较多,因此,在分析的时候需要分别进行。

a.等值线图

等值线地图是把相同数值的点连接起来的表示事物空间分布或者变化的一种地图。等值线地图由于是将相同数值的点连接起来得到的地图,因此,能够很清晰地向学生传递出其所要表达的信息,让学生很容易理解相关的知识。

等值线图是地理学习中最常见的图像系统,无论是在日常的学习中还是考试中,这类图像是最常见的。因此,学生对于这类图的读法必须掌握。在利用微课手段进行这部分内容讲解的时候,教师可以先通过一个简短的微课视频将等值线的定义、特征等播放给学生看。然后在此基础上按照等高线、等温线、等压线等类型分别讲解各自的读图方法。对这部分内容,地理教师可以做成时间稍长一点的微课程,同时可以结合PPT播放相关的试题案例进行练习。学生在课后也可以根据这些视频进行复习巩固。地理要素等值线图很多,但不管是等高线图、等温线图还是等压线图等,在读图的时候,学生都要注意等值线的走向、闭合状况、疏密状况等主要因素。

b.地理景观图的判读

地理景观图一般分为两类,包括自然地理景观和人文地理景观图,如地形、植物等为自然景观图,城乡风貌、工农业生产情景等则为人文景观图。

地理景观图的判读方法主要是三点:第一步根据图名或者图片中的景物判断出这幅图要表示的内容是什么,是地理事物还是地理现象;第二步要求学生认真观察景观图,找出图中地理事物或地理现象的特征等;第三步要求学生能够结合自己所学的知识,综合景观图中所表达的信息,提取出关键内容,从而获取所需要的内容。这部分内容可以和地理统计图表一样直接选取案例制成微课,然后在案例讲解中让学生掌握读图方法。

c.地理示意图

地理示意图是一种表达地理事物的时空变化、演变规律及影响因素之间关系的图。地理示意图的判读方法主要是认真读图,弄清题意,从图中提取信息,然后识别所表示的是何种因素的地理事物;再根据变化的规律、过程等,判断各因素间的因果联系;最后联系所学的相关知识进行分析、推断并获取答案。可以先通过微课让学生明白何为地理示意图,然后再讲解这类图的读图方法。

6.微课教学手段的高中生读图能力培养的实践

(1)实验内容的选择

在教学实践中,对"地球上的大气"的内容进行分析。"地球上的大气"这一章内容的中心是"大气运动",首先对冷热不均引起大气运动的成因和过程进行探究,解释全球性大气运动的形成和分布规律;然后分析常见的天气系统,对不同天气系统的特征进行描述,并在此基础上,分析全球气候变化的过程及对全球气候变化进行预测,同时从人地关系方面探讨应对气候变化的对策。这一章内容由于比较抽象,学生学习存在较多困难,因此需要借助微课来解释说明。

实验内容选取"低压(气旋)、高压(反气旋)与天气"。这部分内容需要学生结合前两节所学的知识点,在此基础上,运用大量的图象来理解低压(气旋)、高压(反气旋)与天气的关系,适宜通过微课教学的手段来培养学生的读图能力。

(2)采用的教学策略

①准确把握新课程标准的要求

新课程标准的要求是"运用简易天气图,简要分析锋面、低压和高压等天气系统的特点"。根据课程标准,本节课的重点是低压(气旋)和高压(反气旋)的运动特征及其对天气的影响以及锋面气旋的形成及其对天气的影响。其中锋面气旋的形成及其对天气的影响还要考虑到第一课时所学的冷锋和暖锋。根据课程标准确定本节课的教学目标。一是知识与技能:理解低压(气旋)、高压(反气旋)的特性及其控制下的天气特点,理解锋面系统及其所产生的天气状况。二是过程与方法:绘制气旋、反气旋示意图,培养和提高学生绘制示意图的技能。通过阅读天气形势图,让学生提高综合分析问题的能力。三是情感态度与价值观:激发学生探究科学的兴趣和动机,培养学生唯物主义的认识观,培养求真、求实的科学态度,使学生理解地理知识就在身边,将所掌握的地理知识运用于实际,指导生活。

②注重基础知识和基本技能

在讲这部分内容之前,教师需要用微课向学生播放有关等压线图的读法,然后在此基础上才能进行新课的讲授。

低压(气旋)、高压(反气旋)是对同一天气系统的不同描述,低压、高压是从气压分布状况来描述的,而气旋、反气旋则是从气流状况进行描述的。学生需要明白这一点,然后在此基础上,理解低压(气旋)、高压(反气旋)、低压槽、高压脊等概念。掌握基本概念后,学生需要理解气压(气流)的运动状况,包括不同半球的运动方向等,在此基础上明白为什么低压控制下的天气多是阴雨天气,高压控制下多是晴朗天气。学生需要在掌握这些基础内容后,结合冷锋、暖锋等知识点,辨认气压分布图等图像系统中所反映的天气系统及其控制下的天气。所以,这个过程需要学生自己主动参与,在读图的过程中一步一步理解原理,这样学生才能发现自己思维的误区,在掌握知识的同时培养了读图能力。

③利用多种教学方式,鼓励学生自主探究

低压(气旋)、高压(反气旋)对天气的影响以及前面学习的冷锋、暖锋对天气的影响是难点,学生较难理解。为了增强学生的理解能力,课堂上可以利用多媒体演示、图示分析的方法,引导学生深入探究,展示形成过程。其中多媒体演示法主要是通过微课的方式展现出来,视频中除了概念等基础知识外,重点通过动态图和静态立体图等演示形成过程和对天气的影响。在此基础上再利用图示分析法,结合冷锋、暖锋等知识点读图分析为什么受这种天气系统的影响,以及在这种天气系统控制下天气是怎样变化的,其中重点是分析等压线图的读法,通过掌握等压线的读法学会分析气压图。这个过程鼓励学生观看微课视频自己读图分析。

互联网技术的普及以及新兴媒体迅速崛起，不仅给人们的生活带来很大冲击，更对教育领域产生了重大的影响，微课等新型的教学方式应运而生。越来越多的一线教师开始尝试用微课这种新型的教学资源来改进传统教学课堂。各级部门、网络教育企业也积极地参与到微课资源和微课平台的建设上来，涌现了众多参差不齐的微课，各界掀起了一股"微课浪潮"。

微课较好地契合了微传播时代高效、便捷的传播特征和随时随地、按需学习的需求，近年来广受重视。从全世界范围来看，目前还没有哪一个虚拟的互联网学习平台或技术本身就能够带来成功的数字化学习，微课也是如此。要达到优良的学习效果，还必须有人为的因素进行支持，必须有专业的教师进行学科教学设计和微课内容制作，要有科学教学理念下的教学设计和学习指导。从目前的教育发展来看，属于传统课堂式的教学模式依然会长期存在，并且是主要的教学方式。只有教师充分利用科学的教学方法和先进的互联网信息技术手段,营造学校与课堂优秀自律的学习氛围与学习环境,与现代多媒体信息技术相结合来激发学生学习兴趣,才能提高学生的自学能力。

本书从"互联网+"时代的教育改革入手,总结阐述国内外地理微课应用的研究现状,结合地理教学实践及其综合性、系统性、短小精湛、机动灵活、动态生成的特点,探讨地理微课在地理教育教学中的运用策略,并详细阐述了地理微课资源应用于地理课前复习、课前预习、课堂教学、课后巩固、假期辅导及地理教研等方面的整体策略。本书依据应用地理微课资源进行地理教育教学实践的实际效果,结合教师成长和发展理论、现代认知学习观、建构主义学习理论等现代教育学理论,探讨了地理微课应用于地理教育教学的有效性。科学合理地应用地理微课资源对促进区际地理教育平衡发展、培养学生地理学科核心素养有积极意义,还可以提高课堂教学效率,优化教学方式,促进地理教师成长,提升学生地理学习成绩。

微时代的到来表明微学习是未来学习方式的一种趋势和方向,我们不能认为微课只是昙花一现。目前,地理微课的研究还只是起始阶段,不管是在方法还是实践方面都存在着很大的不足,同时投身于地理微课教学和研究的一线教师也太少,微课在技术方面的支持也相对薄弱。微课作为一种新型的教学方式,相对于传统教学来说优势明显,怎样开发更加优质和实用的微课也成为当务之急。不管是国家还是一线教师都应加强对微课的重视,积极地参与微课的开发和实践,设计出更加符合学生需要和适合学生学习地理的微课,使我国地理教育事业更快、更好地走出改革区,进入一个崭新的时代。

结束语

参考文献

[1]陈佑清.教学论新编[M].北京:人民教育出版社,2011.

[2]耿才华.传统教育与网络教育的差异性分析[J].攀登,2008(06):157-160.

[3]管春叶.国内外微课程的比较研究[D].上海:上海师范大学,2014.

[4]胡铁生.微课的内涵理解与教学设计方法[J].广东教育(综合版),2014(04):56-57.

[5]胡铁生.微课建设的误区与发展建议[J].教育信息技术,2014(05):33-34.

[6]胡铁生,周晓清.高校微课建设的现状分析与发展对策研究[J].现代教育技术,2014(02):65.

[7]胡小勇.信息化环境的"小世界"现象与学习资源设计研究[J].远程教育杂志,2009(01):8-13.

[8]胡小勇,祝智庭.教育信息资源的本地化研究[J].中国远程

教育,2003(05):45-46.

[9]胡谊.教学设计——心理学的原理与技术[M].上海:华东师范大学,2010.

[10]焦建利.微课及其应用与影响[J].中小学信息技术,2013(04):14.

[11]黎加厚.微课的含义与发展[J].中小学信息技术,2013(04):12.

[12]李志民.互联网与教育的未来[J].中国教育信息化,2013(01):16.

[13]梁乐明,曹俏俏,张宝辉.微课程设计模式研究——基于国内外微课程的对比分析[J].开放教育研究,2013(10):65-72.

[14]刘东梅.在线教育二十年:从"教育+互联网"到"互联网+教育"[J].互联网经济,2015(07):90-97.

[15]盛群力.教学设计[M].北京:高等教育出版社,2009.

[16]王觅,贺斌,祝智庭.微视频课程:演变、定位与应用领域[J].中国电化教育,2013(04):93.

[17]王瑛,郑艳敏,贾义敏,等.教育信息化资源发展战略研究[J].远程教育杂志,2014(06):56-57.

[18]王玉龙,陈奕如.我国中小学微课开发与应用现状的内容分析研究:以中国微课网的微课资源为例[J].中国远程教育,2015(04):56-62.

[19]王竹立.微课勿重走"课内整合"老路——对微课应用的再思考[J].远程教育杂志,2014(05):88-89.

[20]吴秉健.国外微课资源开发和应用案例剖析[J].中小学信

参考文献

息技术教育,2013(04):23-26.

[21]杨纯,古永锵.微视频市场机会激动人心[J].中国电子商务,2006(11):25-27.

[22]杨刚,杨问正,陈立.十大"翻转课堂"精彩案例[J].中小学信息技术教育,2012(03):13-15.

[23]尹俊华,戴正南.教育技术学导论[M].北京:高等教育出版社,1996.

[24]袁金超.基础教育微课资源设计开发的现状分析与策略研究[D].西安:陕西师范大学,2013.

[25]詹春青,严启荣.佛山市中小学教师开发与应用微课的调查研究[J].教育信息技术,2014(02):16.

[26]张兴锋.教育功利化现象审视[J].教育发展研究,2008(21):66-67.

[27]张一川,钱扬义.国内外"微课"资源建设与应用进展[J].远程教育杂志,2013(06):26-32.

[28]赵艳.网络教育与传统教育的优势互补研究[J].计算机软件与应用,2013(19):132-134.